Helmut Dotterweich

Das Erbe der Wittelsbacher

Helmut Dotterweich

Das Erbe der Wittelsbacher

Vermächtnis
einer europäischen Dynastie

nymphenburger

Bildnachweis

Architektursammlung der TU, München (209), Ernst Baumann, Bad Reichenhall (264), Bayerische Staatsbibliothek, München (71, 73), Bayerische Staatsgemäldesammlungen, München (39, 53, 54, 68, 72, 190, 217, 224, 225), Bayerisches Armeemuseum, Ingolstadt (128), Bayerisches Nationalmuseum, München (19, 31, 43, 87, 126, 145, 173), Bernh. Dörries, München (45), The British Library, London (23), Kienberger, Lechbruck (233), Walter Klein, Düsseldorf (176), Meta Köhler, München (259), König, Dielheim (65, 100, 103), Krapohl, Brühl (161), Kunsthistorisches Museum, Wien (55), Landesbildstelle Rheinland, Düsseldorf (188), Löbl, Bad Tölz (17), Malvaux, Brüssel (266), Mittelrheinisches Landesmuseum, Mainz (254), Münchner Stadtmuseum, München (94), Musées Nationaux, Paris (64, 105), Nationalmuseum Stockholm (109, 112, 116/117, 118), Werner Neumeister, München (51), Poswick, Landshut (82), Cora Pottel, München (123), Rijksmuseum, Amsterdam (106), Sayle, Neuburg (60), Guido Scharrer/Gäubodenmuseum, Straubing (32), Schirmer-Mosel, München (234, 236, 237), Helga Schmidt-Glassner, Stuttgart (34, 35, 77, 85, 211), Schmölz-Huth, Köln (160), Heinpeter Schreiber, Köln (164, 165, 166, 167), Staatliche Museen Preußischer Kulturbesitz (Jürg P. Anders), Berlin (59), Stadtgeschichtliches Museum, Düsseldorf (187), H. Tecklenburg, Meppen (169), Thoma, Benediktbeuern (20), Fritz Urich, München (162), Verwaltung der Staatlichen Schlösser, Gärten und Seen, München (75, 91, 93, 96, 121, 138, 139, 149, 152/153, 155, 156, 171, 201, 204, 227), Wittelsbacher Ausgleichsfonds, München (57).

Das Zitat aus der Oper »Die Bernauerin« von Carl Orff drucken wir mit freundlicher Genehmigung des Verlags B. Schott's Söhne, Mainz, ab.

Überarbeitete Neuausgabe
2. Auflage

Umschlagentwurf: Wolfgang Heinzel
unter Verwendung eines Gemäldes von Bernardo Bellotto,
genannt Canaletto
(Foto: Preußischer Kulturbesitz, Berlin)
Druck und Binden: Wiener Verlag,
Himberg bei Wien
Printed in Austria 1992
ISBN 3-485-00645-9

Inhalt

Vorwort

Die Wittelsbacher – keine Knicker und Knauser

Revolutionen sind schlechte Zeiten für Königshäuser. Manche Monarchen haben dabei ihren Kopf verloren. Auch vor den Wittelsbachern hat die Revolution nicht halt gemacht. Aber anders als in England, wo König Karl zum Schafott geführt wurde, oder in Frankreich, wo Ludwig XVI. und Marie Antoinette unter der Guillotine starben, haben die Wittelsbacher in Bayern nie wirklich den Haß des Volkes auf sich gezogen. Als 1918 die alte Ordnung zusammengebrochen ist, Deutschland einen langen blutigen Krieg verloren hatte, und als Folge davon die Throne stürzten, konnte Bayerns König noch am 7. November 1918, einen Tag vor der Ausrufung der Republik, seelenruhig seinen gewohnten Spaziergang im Englischen Garten machen. Er war guten Muts, daß ihm nichts geschehen würde. Und dann ist ihm ausgerechnet ein Arbeiter nachgelaufen, um seinen König zu warnen: »Majestät, gengan S' hoam, sonst g'schieht ihna was. Revolution is'!«

Damals haben die Bürger das gemeinsame Haus verlassen, das die Wittelsbacher über ihnen errichtet hatten. Sie haben sich das eigene Haus gebaut, die Republik, in der die Wittelsbacher heute als geachtete Bürger leben.

Auch die Geschichte der Wittelsbacher ist nicht frei von verletzender Härte gegen die Untertanen, von Rigorosität bei

der Durchsetzung politischer Ziele. In die Geschichte sind sie aber nicht als Leuteschinder und Unterdrücker eingegangen, sondern als verantwortliche Hausväter, die dem Land und seinen Bewohnern über 700 Jahre lang gute Regenten waren. Fleißige Bürger, die gewohnt sind, mit dem Pfennig zu rechnen, haben sie oft als Verschwender angesehen. Sie konnten die Investitionen nicht verstehen, die die Wittelsbacher immer wieder in Kunst und Schönheit angelegt haben, überzeugt davon, daß sie die Zeiten überdauern würden. Was aber wäre von den Wittelsbachern geblieben, wenn sie Geizhälse und knickrige Knauser gewesen wären?
Das folgende Buch, das im Zusammenhang mit der Arbeit an einer Fernsehreihe entstanden ist, bietet keine Geschichte der Wittelsbacher, sondern ist ein Versuch, Zusammenhänge zwischen Kunstwerken und den Umständen ihrer Entstehung oder Erwerbung zu zeigen. Dabei sollen politische und gesellschaftliche Bedingungen anschaulich werden, die die Aufträge und die Sammeltätigkeit begleitet haben, auch die Eigenart der verschiedenen Persönlichkeiten, ihre Lebensumstände und ihre Schicksale. Der Besucher eines Schlosses, einer Gemäldegalerie, eines Parks oder einer Porzellansammlung soll in die Lage kommen, hinter den toten Gegenständen Menschen zu sehen und Zeitumstände, Lebensgeschichten und auch Anekdoten damit in Verbindung zu bringen. Die Relikte der Vergangenheit können dann über das kunsthistorische Interesse hinaus eine zusätzliche historische und menschliche Dimension gewinnen. Die Absicht war, Kunst und Leben wieder zusammenzuführen, so wie sie einmal beieinander waren.

Niemand soll glauben, daß diese Arbeit auch nur annähernd einen vollständigen Überblick über das »Erbe der Wittelsbacher« gibt. Um diese Hinterlassenschaft lückenlos darzustellen, wäre ein Leben nicht ausreichend. Allein die Bearbeitung der Bestände des Münchner Residenzmuseums hat das Leben eines Forschers ausgefüllt (Herbert Brunner »Die Kunstschätze der Münchner Residenz«). Jede genauere Beschreibung auch nur eines der zahlreichen wittelsbachischen Schlösser wächst sich zu einem Buch aus. Wer sich näher informieren will, findet im Anhang Hinweise zur weiterführenden Literatur.

Dieses Buch soll eine erste Hinführung sein zum Kunst-Vermächtnis des wittelsbachischen Hauses, eine Sichtung der vielfältigen Aspekte in der Ordnung der aufeinanderfolgenden Epochen und der verschiedenen historischen Räume. Wenn die Einteilung des Buches dabei weitgehend den Regierungszeiten der einzelnen Herrscher folgt, so hängt das damit zusammen, daß jede neue Generation und jede einzelne Persönlichkeit ihr ganz eigenes zu diesem Schatz beigetragen hat, bewußt und gewollt von der vorhergehenden geschieden. Regierungsperioden sind fast immer auch Stilperioden, und Stilperioden umfassen Zeiträume, in denen sich das Geschick von Menschen anbahnt, entwickelt und erfüllt, die eine bestimmte Haltung und einen bestimmten Geschmack zum Gesetz erheben und, wenn sie nur alt genug werden, dann auch noch erleben, wie »ihr Stil« von einem anderen abgelöst wird. Wer hat die Residenz in München gebaut? Wer hat in Nymphenburg gewohnt? Wer ist damals, als er ganz neu war, im Englischen Garten spaziert? Wie haben die Herzöge von Bayern auf der Burg Trausnitz gelebt? Wer war Ottheinrich, nach dem der Ottheinrichsbau in Heidelberg benannt wurde? Wie sah das Leben der Maler und Bildhauer aus, die damals die noch heute berühmten Werke geschaffen haben? Warum hat Mozart vom bayerischen Hof Kompositionsaufträge bekommen, aber keine Anstellung? Wie wurde es einem begabten Menschen möglich, sich als Künstler zu verwirklichen? Wie viele Begabungen wurden nie erkannt? Waren die Menschen in der schönen Umgebung, die sie sich bauen ließen, damals glücklich? Wie lebten sie in all diesem Prunk und dieser Pracht?

Viele Fragen erheben sich, wenn wir uns der Vergangenheit und ihrer künstlerischen Hinterlassenschaft nähern. Fragen nach den Menschen, die vor uns gelebt und alles das gemacht haben, was uns überkommen ist.

Alles, was mit den Wittelsbachern und ihrem großen Erbe zusammenhängt, ist uns unendlich fern. Diese Schlösser, Parks und Gärten, Möbel, Gemälde, Skulpturen, Gobelins, Porzellane, Waffen und Karossen sind von Menschen und für Menschen gemacht, mit denen uns kaum mehr etwas zu verbinden scheint, zumal angesichts der intellektuellen und gefühlsmäßigen Abkehr von vielem, was die europäische Kultur hat entstehen lassen. Spätestens seit der Aufklärung ist ein Urmotiv künstlerischer Gestaltung, die religiöse Bindung, aus der Welt verschwunden. Gleichzeitig verliert die Macht ihre Rechtfertigung als metaphysischer, höheren Absichten dienender Auftrag. Inzwischen erleben wir, daß auch bisher ganz selbstverständlich respektierte Haltungen, ohne die Kultur nicht denkbar ist, denunziert werden: Fleiß, Disziplin, Sorgfalt im Umgang mit den Dingen, Rücksicht auf den anderen, Verantwortungsbewußtsein, Rangunterschiede der Menschen, das weiterwirkende Verdienst vorausgegangener Generationen, die Bereitschaft und die Fähigkeit zu Ehrfurcht und Verehrung. Im Glauben an die Legitimation der Gruppen und der Massen wird der Gestaltungswille des einzelnen von pauschalem Mißtrauen begleitet. Die Kunst erscheint zudem immer mehr wie eine Geheimsprache, in der die Ratlosigkeit ausgedrückt wird, die die Menschen erfaßt hat, seitdem sie erkannt haben, daß sie, anstatt die Welt zu gestalten, sie zu »kultivieren«, den Weg zu ihrer Zerstörung beschritten haben.

Gleichzeitig erleben wir eine Fluchtbewegung, die Millionen Menschen Jahr für Jahr die Stätten der Vergangenheit, die Nähe der Kultur suchen läßt, wie zum Beweis für ein dem Menschen innewohnendes Bedürfnis, der Banalität, dem Gewöhnlichen und dem Bedrohlichen zu entfliehen, das Außerordentliche zu suchen und das Chaos durch die Form gebändigt zu sehen. Sicher spielt dabei auch die Neugier des Menschen für den Menschen mit, auch für den Menschen der Vergangenheit. Das Bedeutende hat seine Anziehungskraft nicht verloren.

Die Leistungen unserer Zeit liegen nicht so sehr auf künstlerischem, sondern mehr auf wissenschaftlich-technischem Gebiet. Wir spalten Atome. Wir haben den Fuß auf den Mond gesetzt. Wir sind mit der Tuberkulose fertig geworden. Wir streben, im Westen mit den Mitteln der kapitalistischen Wirtschaft, nach sozialem Ausgleich. Die Mittel, die dafür nötig sind, werden konzentriert beim Staat, bei der Industrie, bei den Verbänden. Sie sind heute genausowenig in der Hand der vielen kleinen Leute wie früher. In der Zeit der Feudalgesellschaft waren die großen Mittel in der Hand des Adels, der Kirche und der reichen Bürger in den Städten. Vor allem aber bei den Fürsten.

Die Wittelsbacher waren solche Fürsten. Über 700 Jahre lang haben sie als Herzöge, als Kurfürsten, als Fürstbischöfe, als Könige und als Kaiser regiert, länger als die Staufer, die Habsburger oder die Hohenzollern. Ein dreiviertel Jahrtausend haben sie den Staat aufgebaut und über die Zeiten erhalten. Am längsten in Bayern und in der Pfalz, aber auch am Niederrhein, für kurze Zeit in Schweden und in Griechenland, und, während sie Kaiser waren, im Heiligen Römischen Reich. Sie haben dabei nicht nur Schätze aufgehäuft, sondern auch den von ihnen regierten Ländern ein Gesicht gegeben, Form und Stil, einen einmaligen unverwechselbaren Charakter.

Große Träume – ein starker Wille

Anders als andere Dynastien waren die Wittelsbacher nicht in erster Linie Sammler, sondern Auftraggeber. Sie haben es im Laufe der verschiedenen Jahrhunderte immer wieder verstanden, Kräfte an sich zu ziehen: Sie haben Handwerkern und Künstlern aus dem eigenen Land und von fern her Aufgaben gestellt und sie zu großen Leistungen beflügelt. Bayern, ein kleines abgelegenes Bauernland, fern von den europäischen Verkehrswegen und den großen Städten, haben sie auf das Niveau eines europäischen Kulturstaats gehoben. Sie haben die Ambition gehabt, dieses Land in den Kreis der führenden europäischen Kulturnationen zu stellen, im Rahmen der besten deutschen Traditionen an die Seite Italiens, der Niederlande und Frankreichs. Wie sehr das gelungen ist, davon handeln die folgenden Kapitel. Das läßt sich im einzelnen zeigen, auf den Spuren von Menschen, die große Träume gehabt haben und auch den Willen, sie zu verwirklichen.

Natürlich ist das, was da geschaffen wurde, nicht von den Wittelsbachern selbst gemacht, und auch das Geld dazu stammt aus der Arbeit der vielen kleinen Leute. Die Fürsten aber haben die Mittel konzentriert und darüber disponiert, und in glücklichen Fällen – wenn die Macht und der Geist zusammengekommen sind – das Außerordentliche erreicht. Heute ist das, was die Wittelsbacher zuwege gebracht und hinterlassen haben, ein Erbe des ganzen Volkes. Das Vermächtnis einer Dynastie ist zum Besitz der Allgemeinheit geworden, nicht nur im materiellen Sinn.

Die bürgerlichen Kritiker gehen schon seit dem 18. Jahrhundert mit den Fürsten hart ins Gericht, werfen ihnen Verschwendungssucht und Größenwahn vor. Ihre Schlösser erscheinen ihnen wie steingewordener Aberwitz. Dazu kommt, daß die Sozialforschung inzwischen ein Heer ungebildeter Umdeuter gefunden hat, die durch ihre voreingenommene Brille in der Vergangenheit nur ein System von Unterdrückung und Ausbeutung sehen, weil andere Kategorien des menschlichen Zusammenlebens nicht in ihr Weltbild passen. Aber auch fundierte Kritiker der Feudalepoche lassen oft unberücksichtigt, daß diese Prachtentfaltung in ihrer Spätphase Machtdemonstration im selbstgestellten staatlichen Auftrag war, der damit zugleich seine Legitimation zur Anschauung brachte. Je segensreicher die Herrschaft, um so größer das Schloß. So etwa war der Gedankengang, wenn auch Idee und Wirklichkeit oft weit genug auseinanderklafften.

Ein wichtiger Gesichtspunkt, der erst mit den neueren Erkenntnissen der Wirtschaftsforschung wieder ins Licht tritt, ist außerdem die Rolle, die der fürstliche Auftraggeber als Anreger und Beweger des Wirtschaftslebens bedeutet hat. Schloßbauten und Kirchenbauten waren immer auch große Arbeitsbeschaffungsprogramme. Damals wie heute spielt der öffentliche Bauauftrag eine entscheidende Rolle im Wirtschaftsleben. Und, was nicht vergessen werden darf: der Fürst war als Auftraggeber der Geburtshelfer für Tausende von Künstlern, in denen die Menschen in der Gegenwart wie in der Vergangenheit den besseren Teil ihrer Existenz gespiegelt sehen können.

Die Anfänge des Hauses Bayern

Im Jahre 1180 wird der bayerische Graf Otto von Wittelsbach von Kaiser Friedrich I. Barbarossa mit dem Herzogtum Bayern belehnt. Er stirbt bereits drei Jahre später. Sein Nachfolger ist sein Sohn Ludwig, genannt der Kelheimer, weil er 1231 auf der Donaubrücke von Kelheim ermordet worden ist. Ihm zum Gedächtnis hat seine Witwe Ludmilla, eine böhmische Königstochter, bei Landshut, der Gründung ihres toten Gemahls, das Kloster Seligenthal gestiftet. In der dortigen Afrakapelle befindet sich eines der ersten künstlerischen Zeugnisse der wittelsbachischen Herrschaft: Die Figuren des Herzogs und der Herzogin, Ludwig und Ludmilla, zusammen mit 26 weiteren Figuren von Fürsten und Fürstinnen, die mit dem Hause Bayern verwandt waren. Die Holzskulpturen des Herzogs und der Herzogin waren wohl ursprünglich liegend auf einem Hochgrab angebracht. Sie stehen jetzt in einem Schrein auf dem Mittelpfeiler der Kirche, entlang der Emporenbrüstung, umgeben von den übrigen Figuren, Bildhauerarbeiten aus der Zeit um 1320.

Ein bayerischer Othello

Gleich zu Beginn der Geschichte der Wittelsbacher als Herzöge von Bayern, im Jahre 1256, begegnen wir einer Tragödie. Ein eifersüchtiger Ehemann glaubt, aus einem fehlgelei-

Herzog Ludwig der Kelheimer (1174–1231) und seine Gemahlin Ludmilla. Holzskulpturen von dem Hochgrab in der Abteikirche von Seligenthal in Landshut.

teten Brief die Untreue seiner Frau herauszulesen. Ohne sie zu hören, toll vor Eifersucht, ein zweiter Othello, läßt er seine Frau sofort hinrichten. Ihr Kammerfräulein wird als vermeintliche Mitwisserin von der Burg hinuntergestürzt.

Der jähzornige Ehemann war Herzog Ludwig der Strenge (1229–1294), das unschuldige Opfer seine Gemahlin Maria von Brabant. Der Ort des Geschehens: die längst zerstörte Burg Donauwörth, wo die Herzogin ihren Hofhalt hatte. Nachdem sich die Unschuld der Herzogin erwiesen hatte, legte der Papst dem Herzog eine Sühne auf. Er sollte eine Kirche und ein Kloster stiften. So gründete Ludwig der Strenge 1258 das westlich von München an der Amper gelegene Kloster Fürstenfeld. Es wurde mit Zisterziensern aus Aldersbach besetzt und diente Ludwig dem Strengen und seiner zweiten Gemahlin sowie weiteren Wittelsbachern als Grablege.

Kirche und Kloster entstanden nach dem Abbruch der mittelalterlichen Anlage um 1700 neu nach den Plänen von Giovanni Antonio Viscardi, dem Münchner Hofbaumeister. Die Fresken in der Kirche schuf Cosmas Damian Asam. Die Klosterbauten wurden nach der Säkularisation 1803 in eine Kaserne umgewandelt, heute ist dort eine Polizeischule untergebracht. Die Kirche aber ist als einer der eindrucksvollsten Barockbauten Süddeutschlands erhalten.

Ganz in der Nähe von Fürstenfeld ist auf dramatische Weise der Kaiser aus dem Hause Wittelsbach, Ludwig der Bayer, gestorben. Er wurde auf der Bärenjagd in den Amperauen 1347 vom Schlag getroffen. Es wird überliefert, daß er plötzlich vom Pferd gefallen und in den Armen eines Bauern verschieden sei. Eine Gedenksäule bei Puch, an der Straße nach Augsburg, erinnert an diese Begebenheit. Sie wurde 1808 auf Veranlassung von König Max I. Joseph von Roman Anton Boos in weißem Ettaler Marmor errichtet. Die Wahl dieses Steins kommt nicht von ungefähr, denn Kaiser Ludwig der Bayer hatte an der strategisch wichtigen Straße durchs Graswangtal nach Tirol und nach Italien das Kloster Ettal gegründet.

Die Legende überliefert die Gründungsgeschichte so: Der Kaiser kehrt aus Italien zurück, und als er mit seinem Gefolge durchs Graswangtal zieht und heimatlichen Boden betritt, wird eine kleine Madonnenstatue, die er mit sich führt, plötzlich so schwer, daß niemand mehr sie zu tragen vermag. Das nimmt der Kaiser als ein Zeichen des Himmels. Er läßt an dieser Stelle eine Kirche und ein Kloster bauen.

Kloster Ettal, 1330 gegründet, war ursprünglich eine am Templer-Ritterorden orientierte Ritterakademie; die Ritter

Herzog Ludwig der Strenge (1229–1294) und seine drei Gemahlinnen Maria von Brabant, Anna von Schlesien-Glogau und Mechthilde von Habsburg. Holzskulptur vom ehemaligen Stiftergrab in Fürstenfeld.

Das Gnadenbild von Ettal, das Kaiser Ludwig der Bayer 1329 aus Pisa mitgebracht hat.

sollten die wichtige Straße sichern. Diese Ritterakademie ist aber gleich nach dem Tod Ludwigs des Bayern wieder eingegangen. Das Kloster wurde von Benediktinern übernommen, die um die Mitte des 18. Jahrhunderts den großartigen Zentralbau der Kirche und die Klosterneubauten errichten. Die Pläne dazu liefert der Münchner Hofbaumeister Enrico Zucalli, die Ausführung obliegt dem Wessobrunner Baumeister Franz Schmuzer. In den Tabernakel des Hochaltars kam jene der Werkstatt Giovanni Pisanos zugeschriebene kleine Madonna aus weißem Marmor, die Ludwig der Bayer einst über die Alpen gebracht hatte.

Die französische Heirat

Ludwig der Bayer war als Herzog aus dem Hause Wittelsbach zum deutschen König gewählt und später zum Kaiser gekrönt worden. Er hat seine Stellung als Oberhaupt des Reichs, wie seine Vorgänger und Nachfolger auch, zur Festigung seiner Hausmacht und seiner Dynastie benützt. Seinen Sohn Ludwig belehnt er mit der Mark Brandenburg, und später verheiratet er ihn mit Margarete Maultasch, der Erbin von Tirol. Auf diese Weise kam dieses alte bayerische Siedlungsland wieder an Bayern. (In seinem Roman »Die häßliche Herzogin« hat Lion Feuchtwanger diese fürstliche Zweckehe, der kein Erfolg beschieden sein sollte, 1923 aus dem Dunkel der Geschichte wieder ans Licht gehoben.) Ludwig der Bayer selbst heiratet Margarete von Holland, die Erbin von Holland, Seeland, Friesland und Hennegau, und verschafft den Wittelsbachern damit eine Stellung im Nordwesten des Reichs.

Seine Kinder und Enkel heiraten in die großen Familien Europas, in die Häuser von Dänemark, Aragon-Sizilien, Lancaster, Visconti, Burgund und Luxemburg. Wie zur Krönung dieser Familienverbindungen wird dann im Jahre 1385 eine Wittelsbacherin Königin von Frankreich. Die Prinzessin Elisabeth von Bayern-Ingolstadt wird, zur großen Genugtuung ihres Vaters Herzog Stephan III., den die Zeitgenossen den »Kneißl« nennen, weil er soviel Hang zum Prächtigen zeigt, mit König Karl VI. von Frankreich vermählt, dem Sprößling aus dem altehrwürdigen Hause Valois. In der französischen Geschichte ist die bayerische Prinzessin bekannt als Königin Isabeau, Isabeau de Bavière.

Das Britische Museum in London bewahrt eine Handschrift mit den »Poèmes« der Christine de Pisan auf, einer

Dichterin im Umkreis des französischen Königshofs in der Zeit Karls VI. Das Manuskript ist mit höfischen Szenen bebildert. Eine der Miniaturen zeigt die Königin Isabeau im Kreise ihrer Hofdamen in ihrem Schlafzimmer, das ganz mit Teppichen ausgeschlagen ist. Diese Teppiche zeigen abwechselnd die Lilien der französischen Könige und die weißblauen Rauten der bayerischen Heimat der Königin.

Die Königin Isabeau hat sich aber nicht nur mit weißblauen Wandbehängen umgeben, sondern auch Menschen aus ihrer Heimat an den Hof gezogen, vor allem ihren Bruder Ludwig, den regierenden Herzog Ludwig im Bart von Bayern-Ingolstadt. Dieser deutsche Fürst trat ganz offiziell in den Dienst des französischen Königs. Er erhielt hohe Hofämter und gehörte zum engsten Kreis der königlichen Familie und der königlichen Regierung. Dabei ist er in eine Affaire geraten, die ihm beinahe den Kopf gekostet hätte.

Weil sie ihren Bruder ganz an den Hof fesseln wollte, hat die Königin die Heirat mit einer Dame aus dem allerersten französischen Adel betrieben, mit Anna von Bourbon, einer nahen Verwandten des Königs. Um der Sache nachzuhelfen, wurde der Braut vom König eine Mitgift in Höhe von 120000 Gulden zugesagt. Das war eine unerhört hohe Summe. In München hat man damals für 200 Gulden ein stattliches Haus kaufen können. Ludwig im Bart erwarb also durch seine Heirat zugleich den Gegenwert einer ganzen Stadt.

Von der Zusicherung bis zur Auszahlung der Mitgift war allerdings ein weiter Weg. Man darf nicht glauben, daß Könige damals über so viel Bargeld verfügt haben. Ihr Besitz bestand in Ländereien und dem, was daraus jährlich einging. Einkünfte, die zur Deckung der Ausgaben nie gereicht haben. Statt Bargeld hat Herzog Ludwig deshalb Wertstücke bekommen, Kleinodien aus dem königlichen Schatz. Armreife und Gewandspangen, Ringe und Kleinplastiken. Man

Die aus dem Hause Bayern-Ingolstadt stammende französische Königin Isabeau (1371–1422) empfängt im Kreise ihrer Hofdamen ein Werk der Dichterin Christine de Pisan, die in ihren Büchern einen temperamentvollen Kampf gegen die frauenfeindliche Literatur ihrer Zeit geführt hat.

ist soweit gegangen, sogar Kronen der Königin, die besonders wertvolle Steine enthielten, zu versetzen. Denn es war ausgemacht worden, daß Ludwig diese Wertstücke Kaufleuten als Pfand überlassen und dafür Geld ziehen sollte. Später, wenn die königliche Finanzverwaltung zahlungsfähig sein würde, sollten die Schmuckstücke ausgelöst und an die Schatzkammer zurückgegeben werden. Als Pfandleiher wurden Kaufleute in Straßburg herangezogen.

Als da die königlichen Kleinodien in Kisten verpackt auf Pferden und Mauleseln nach Westen wanderten, mußte in Paris der Eindruck entstehen, es gehe nicht mit rechten Dingen zu, der Herzog aus Bayern führe den Staatsschatz außer Landes, er ruiniere die königlichen Finanzen. Der französische König war damals, 1413, in einer ziemlich schwierigen Situation: Krieg mit England, Auseinandersetzungen mit rivalisierenden Verwandten, mit Orléans und Burgund, mit der Stadt Paris. Es ist die Zeit der Jeanne d'Arc, der Jungfrau von Orléans. Der König kann nicht verhindern, daß sein Schwager Ludwig als Dieb am königlichen Gut in Paris ins Gefängnis gesteckt wird. Seine Diener berichten nach Bayern, da werde er lebend wohl nicht wieder herauskommen.

Die Diener haben nicht Recht behalten. Der königlichen Partei ist es gelungen, wieder Oberhand zu gewinnen. Der Herzog konnte befreit werden. Weil der König aber in der Folgezeit immer noch nicht zahlen konnte, hat Herzog Ludwig die Kleinodien schließlich selbst ausgelöst und in seine Schatzgewölbe nach Bayern bringen lassen. Ein Stück davon hat sich erhalten: das Goldene Rößl von Altötting, bis heute das volkstümlichste Kleinod dieses Wallfahrtsorts.

Das Goldene Rößl

Das Goldene Rößl ist eine hervorragende Goldemailarbeit der Pariser Hofkunst um 1400, ein Beispiel für die pariserische Spielart des damals in ganz Europa verbreiteten Weichen Stils. Karl VI. hatte es 1404 seiner Gemahlin zu Neujahr geschenkt. Seinen Namen hat dieses Kunstwerk von einer eher beiläufigen anekdotischen Zutat, dem am Fuß des bühnenhaften Sockels wartenden Pferd mit dem Knappen. Im Mittelpunkt darüber thront Maria mit dem Jesuskind. Sie sitzt in einer von Blüten umrankten Laube, über ihr zwei Engel mit der Krone, die die Gottesmutter als Himmelskönigin charakterisiert, während der weiße Mantel ein Symbol ihrer Jungfräulichkeit ist. Zu Füßen der Madonna, ebenfalls weiß gekleidet, die beiden Johannesknaben, der eine mit dem Lämmchen, der andere mit dem Kelch. Vor der Heiligen Gruppe knieen, im Hofkostüm der Zeit, König Karl VI. und sein Marschall. Das Goldene Rößl, das ursprünglich wohl als Reliquiar gedient hat, gilt als Sublimation des höfischen Minnedienstes in einer religiösen Szene. Königin Isabeau konnte sich schmeicheln, daß die der Jungfrau Maria bewiesene Verehrung auch ihr entgegengebracht wurde.

Ludwig im Bart übergab dieses Juwel der Pariser Goldschmiedekunst der von ihm erbauten Liebfrauenkirche in Ingolstadt. Von da wanderte es am Anfang des 16. Jahrhunderts als Pfand für eine Kriegsanleihe im Landshuter Erbfolgekrieg in die Schatzkammer der Kapellstiftung von Altötting. Weil es nie ausgelöst wurde, ist es bis heute dort verblieben.

Das Goldene Rößl ist das einzige der vielen Kleinodien, die Ludwig im Bart aus Frankreich nach Bayern gebracht hat, das über die Zeiten erhalten geblieben ist. Alle die anderen Geschmeide wurden im Lauf der Jahrhunderte eingeschmolzen und weggegeben. Noch um 1800, zur Zeit der Säkularisation, hat man den Kunstwert dieser Objekte überhaupt nicht geschätzt und nur den Materialwert gesehen, die Steine herausgebrochen und das Metall eingeschmolzen.

Wie andere Stücke der Pariser Kleinodien, die Herzog Ludwig nach Bayern gebracht hat, ausgesehen haben, wissen wir nur von Gemälden aus dem 18. Jahrhundert, die heute im Bayerischen Nationalmuseum hängen. Eines davon zeigt eine Art Gegenstück zum Goldenen Rößl, ein Marienbild, das für die von Herzog Ludwig gestiftete Kirche »Zur Schönen Unser lieben Frauen« in Ingolstadt namengebend geworden ist. Auch hier eine bühnenartige Darstellung: das königliche Paar von Frankreich, begleitet von den Heiligen Georg und Elisabeth, als betende Stifter vor der Himmelskönigin. Ein anderes dieser Ölbilder zeigt den Heiligen Michael im weißen Mantel, wie er den Drachen tötet. Ein weiteres Bild, einen Kelch darstellend, läßt vermuten, daß offensichtlich schon Herzog Ludwig selbst Teile der französischen Pretiosen zerbrechen und umarbeiten ließ. Denn der Fuß des Kelches, eine Arbeit des Ingolstädter Goldschmieds Hans Paltwein, ist mit Perlen und Emailornamenten verziert, die wahrscheinlich aus den Beständen des französischen Schatzes stammen.

Außer den Kleinodien ist damals, am Anfang des 15. Jahrhunderts, auch sehr viel Geld aus Frankreich nach Bayern gekommen. Ludwig im Bart hat als königlicher Minister in Frankreich ein hohes Gehalt bezogen, und er hat dieses Geld zum allergrößten Teil nach Hause geschickt, in sein Herzogtum Bayern-Ingolstadt. Er hat damit seine Beamten bezahlt und, was in unserem Zusammenhang von Interesse ist, viel gebaut. Zeugnisse seiner herzoglichen Bautätigkeit finden sich in Aichach und Schrobenhausen genauso wie in der Residenzstadt Ingolstadt, wo mit den französischen Geldern eine zweite Stadtpfarrkirche gebaut wurde. Diese große süddeutsche Hallenkirche der Gotik, begonnen 1425, eingewölbt 1500, weicht mit ihren übereck gestellten Türmen ganz von dem ab, was damals in Bayern in der Architektur üblich war. Ein Umstand, den die Fachleute auf Einflüsse aus Frankreich zurückführen.

Herzog Ludwig wollte in seiner Liebfrauenkirche in Ingolstadt begraben werden. Der Entwurf für ein Marmorgrab, das im Chor der Kirche aufgestellt werden sollte, war bereits in Auftrag gegeben. Zur Ausführung ist es aber nicht gekommen, weil das Leben dieses Fürsten, das so extravagant und glanzvoll begonnen hatte, in einer Katastrophe geendet hat. Nach Kriegen und Erbstreitigkeiten, nach der Verhängung der Reichsacht und des Kirchenbanns, stirbt er mit 81 Jahren als Gefangener seines Vetters Herzog Heinrich von Niederbayern auf der Burg von Burghausen. Sein eigener Sohn, Ludwig der Bucklige, der sich im Zusammenhang mit Erbstreitigkeiten auf die Seite der Gegner gestellt hatte, hat ihn im Schloß von Neuburg belagert und gefangengenommen. Begraben ist Herzog Ludwig in der Wittelsbacher Grablege der Klosterkirche Raitenhaslach bei Burghausen.

Das Geld, das Herzog Ludwig im Bart aus Frankreich nach Hause geschickt hat, diente unter anderem auch zum Bau des Neuen Schlosses in Ingolstadt. Heute ist dort das Bayerische Armeemuseum untergebracht, in außergewöhnlich eindrucksvollen Räumen mit gotischen Gewölben. Damals war das Ingolstädter Schloß der Regierungssitz des Wittelsbachischen Teilherzogtums Bayern-Ingolstadt, so wie das Schloß in Straubing Sitz der Straubinger Linie der Wittelsbacher war. Die Teilherzogtümer waren dadurch entstanden, daß die Erben Ludwigs des Bayern das Land wie einen Privatbesitz unter sich aufgeteilt hatten.

Die Bernauerin

Das Schloß von Straubing ist der Schauplatz der schrecklichen Geschichte der Agnes Bernauer, einer Tragödie, die Shakespeare nicht hätte düsterer auf die Bühne stellen können. Eine große Liebe, eine dynastiegefährdende Heirat, Konflikt zwischen Vater und Sohn, Lüge, List, Mord, ein drohender Krieg zwischen Vater und Sohn und schließlich Reue und Sühne.

Die Geschichte beginnt in einer öffentlichen Badstube in Augsburg, in der der bayerische Erbprinz Albrecht Agnes, die Tochter des Baders Bernauer, kennenlernt und sich unsterblich in sie verliebt. Der Prinz nimmt das Mädchen aus Augsburg mit auf sein Schloß, ganz wie im Märchen. Zuerst leben die beiden in Vohburg, wo nur noch ein hochaufragender Turm an das ehemalige Herzogschloß erinnert, dann leben sie im Schloß von Straubing, heiraten heimlich und genießen eine kurze Zeit ihr Glück. Der Vater des Erbprinzen, Herzog Ernst in München, ist außer sich über diese unstandesgemäße Ehe, die, weit über das Private hinaus, das Ende der Dynastie bedeutet, weil Nachkommen aus dieser Verbindung nicht erbberechtigt wären. So sinnt er auf ein Mittel, die unerwünschte Schwiegertochter los zu werden. Die beiden hatten nicht nur den herzoglichen Vater gegen sich, sondern auch die Öffentlichkeit. Carl Orff hat in einer Szene seiner Oper »Die Bernauerin« ausgedrückt, was die Bürger in München wohl von dieser Verbindung gedacht haben mögen:

Na hat er s' mitgnomma?

Mitgnomma und gar net lang gfragt.

Mit wem lebt er da?
Wem hat er mitgnomma?

An Badern sei Tochter!

An Badern sei Tochter??

Dem Bernauer Kaspar die sein,
dem Bader von Augsburg.

An Badern sei Tochter??

D' Bernauerin!!
Hast na von der no net ghört?

D' Bernauerin is's,
von der ihrer Schönen
ma mehra verzählt,
als d' Wahrheit vertragn ka.

Riberin is s'
und Zwagerin aa
in sellener Badstubn.
Verschrien und verrufn is s' aa
so viel als s' verrühmt werd,
weil s' d' Manner drent
allesamt,
alle verruckt macht.

Hat z' Minka ka Muatta
ka schöns Kind net mehr?
Muaß 's a Badhur
aus Augsburg sein?

Muaß gar ka Hur net sei!

Wanns a Riberin is,
wanns a Zwagerin is?
Da hocken s' fudnackat
beinander im Bad,
san dader grad für de Manner
ihrn Gspaß,
und des sollt ka Hur net sei!?

Tuat alles koan guat!

Auch die Standesgenossen des Erbprinzen haben diese Ehe nicht gebilligt. Als er in Ingolstadt an einem Turnier teilnehmen wollte, haben sie ihm nicht nur die Teilnahme verweigert, sondern ihn auch noch geschlagen.

Agnes Bernauer sollte also verschwinden. Aber wie? Der

Plan, den sich Herzog Ernst ausgedacht hat, hätte teuflischer nicht sein können. Er veranlaßte seinen Vetter, den Herzog von Niederbayern, den Erbprinzen nach Landshut zur Jagd einzuladen. Als dieser sich dort vergnügte, erschienen im Schloß von Straubing die Schergen des Herzogs Ernst aus München, überwältigten die Wache und verlasen der jungen Frau das Todesurteil. Sie wurde gefesselt, zur Donaubrücke gefahren und dort in den Fluß geworfen. Der Chronist dieser Ereignisse berichtet, daß es der Unglücklichen gelang, sich von ihren Fesseln zu befreien, daß sie ans Ufer trieb und sich an herabhängenden Weidenzweigen festklammerte. Da aber haben sie die Soldaten mit langen Stangen wieder ins Wasser zurückgestoßen, und sie ist nach einem langen Todeskampf ertrunken.

Der Erbprinz war über diese Tat seines Vaters so erbittert, daß er Truppen sammeln und gegen Herzog Ernst Krieg führen wollte. Schließlich war aber das Staatsinteresse doch stärker als die Empörung. Erbprinz Albrecht hat sich mit seinem Vater wieder versöhnt und ist ihm 1438, als Herzog Albrecht III., im Herzogsamt nachgefolgt.

Herzog Ernst hat schon bald nach dieser Mordtat der unerwünschten Schwiegertochter einen Grabstein aus rotem Marmor meißeln und eine eigene Totenkapelle errichten lassen, die Agnes-Bernauer-Kapelle im Friedhof von Sankt Peter in Straubing, diesem ganz besonders stimmungsvollen Gottesacker am Rand der alten Herzogsstadt.

Der Mord an Agnes Bernauer hat das Herzogshaus noch lange beschäftigt. Der Enkel des Herzogs Ernst, Albrecht IV., ließ auf einer Grabplatte, die er seinem Vorfahren Kaiser Ludwig dem Bayern widmete, die Szene der Versöh-

Versöhnung zwischen Herzog Ernst (1373–1438) und seinem Sohn Albrecht (1401–1460). Relief auf der Grabplatte für Kaiser Ludwig den Bayern im Münchner Liebfrauendom.

Grabplatte der Agnes Bernauer
im Friedhof von St. Peter in Straubing.

nung einmeißeln: Herzog Ernst und sein Sohn Albrecht reichen sich nach dem schweren Zerwürfnis die Hand. Die Grabplatte befindet sich unter dem Monument für Ludwig den Bayern, das Kurfürst Maximilian im Münchner Liebfrauendom errichten ließ. Ein Abguß ist im Bayerischen Nationalmuseum zu sehen.

Wahrscheinlich steht auch die Gründung von Kloster Andechs im Zusammenhang mit der Ermordung der Agnes Bernauer. Drei Jahre nachdem er sie hat ertränken lassen, stiftet Herzog Ernst dort 1438, wohl zur Sühne, ein Priesterhaus. Sein Sohn Albrecht wandelt die Stiftung in ein Benediktinerkloster um, das bis zur Säkularisation 1803 bestanden hatte. Nach der Neugründung des Benediktinerklosters St. Bonfifaz in München wurde Andechs dann mit diesem Kloster vereinigt und so 1850 neu belebt.

Schöne Frauen, weiße Tauben, Saitenspiel ...

Damit eine Kirche attraktiv wird und viele Gläubige anzieht, muß sie über Reliquien verfügen. Und so haben die Wittelsbacher besonders wertvolle Reliquien nach Andechs gegeben und damit eine blühende Wallfahrt veranlaßt, lange bevor die Menschen wegen des Bieres dorthin pilgerten. Reliquien, Überreste von Heiligen oder von Gegenständen aus dem Besitz von Heiligen, haben nach der Lehre der katholischen Kirche die Wirkung, daß ihre Verehrung den Nachlaß von Sündenstrafen bewirkt.

Welche Bedeutung einem solchen Reliquienschatz mit seinen in kostbaren Behältnissen eingeschlossenen Heiligtü-

Die Schloßkapelle von Blutenburg bei München.

mern zukam, zeigt eine Tafel im Bayerischen Nationalmuseum, auf der dieser Andechser Heiltumsschatz abgemalt ist. In Auftrag gegeben hat dieses Gemälde ein Herzog an der Wende zum 16. Jahrhundert, Herzog Sigmund. Er ist am unteren Saum der Tafel porträtiert, eine der frühen porträtähnlichen Darstellungen eines Mitglieds des Hauses Wittelsbach. Er hat die Tafel für seine Schloßkirche in Blutenburg malen lassen.

Herzog Sigmund war als älterer Sohn ursprünglich zur Regierung berufen, hat aber dann nach wenigen Jahren einsehen müssen, daß er dazu nicht so recht geeignet ist. Vor allem hat

Madonna in der Kapelle von Blutenburg.

er nicht mit Geld umgehen können und immer mehr ausgegeben als eingenommen. Dem Herzog Sigmund ist wohl »mit schönen Frauen und mit weißen Tauben, Pfauen, Meerschweinchen, Vögeln und mit Saitenspiel« haben die Leute seiner Umgebung von ihm gesagt. Wohl mehr gezwungen als freiwillig, überließ er die Regierung seinem Bruder Albrecht, mit dem er einen Vertrag schloß, der ihm ein angemessenes Auskommen sicherte.

Jetzt hatte er die Möglichkeit, seinen Neigungen zu leben, und diesem Umstand verdanken wir die Schloßkapelle von Blutenburg. Das Schlößchen im Westen von München, zwischen Pasing und Obermenzing, war ein Jagdschloß der Wittelsbacher. Hier hat sich Herzog Sigmund besonders gern aufgehalten. Zwanzig Jahre nachdem er auf die Regierung verzichtet hatte, ließ er die Kirche bauen, die heute berühmt ist wegen ihrer einheitlichen Ausstattung aus der Erbauungszeit, der Spätgotik.

Im allgemeinen sind die Kircheneinrichtungen ja im Lauf der Zeit verändert, zerstört oder modernisiert worden. Dort in Blutenburg aber ist alles noch so, wie es Herzog Sigmund 1490 in Auftrag gegeben hat. Die Altarbilder hat ein Pole gemalt, Jan Pollack, der höchstwahrscheinlich aus Krakau nach München gekommen und als Stadtmaler angestellt war. Pollack gehört zu den ersten Malern in Deutschland, die Landschaften annähernd naturgetreu wiedergegeben haben.

Eine Stiftung von Herzog Sigmund ist auch die Dorfkirche von Pipping, ganz in der Nähe von Blutenburg. Sie ist vor der Blutenburger Kirche entstanden, und hier hat jener Jan Pollack wohl seinen ersten Auftrag in der neuen Heimat erhalten; die Geißelungsszene links im Altarraum halten die Kunsthistoriker für einen »Pollack«. Damit hat sich der aus Krakau zugewanderte Maler wohl dem Münchner Magistrat empfohlen.

Als letzte Kirche in der Umgebung seines Schlosses Blutenburg hat Herzog Sigmund dann noch die Kirche in Untermenzing gestiftet, heute noch eine Dorfidylle direkt am Rand der Großstadt München. Ein reich gegliederter Außenbau; das Innere ist im 17. Jahrhundert verändert und modernisiert worden. Ein Altar aber hat sich erhalten, ein Schnitzaltar mit gemalten Flügeln, der jetzt im Bayerischen Nationalmuseum steht.

Noch aus der Zeit der Erbauung der Kirche in Untermenzing, um 1500, stammen die Glasmalereien in den Fenstern. Daß es sich bei dieser Kirche um eine fürstliche Stiftung handelt, zeigen Wappenscheiben mit den Wappen der Vorfahren des Herzogs Sigmund. Die Glasfenster sind in einer Münchner Werkstatt angefertigt.

Der erste Kirchenbau übrigens, bei dem Herzog Sigmund beteiligt gewesen ist, ist die Münchner Frauenkirche. Am 9. Februar 1468 hat er den Grundstein gelegt. Der Überlieferung zufolge hat der Herzog beträchtliche Mittel zum Bau gegeben, der im übrigen eine Gemeinschaftsleistung der Münchner Bürger ist. Es wird berichtet, wie die Münchner zum Schutträumen angetreten sind, Arme und Reiche, Männer und Frauen, als die alte Kirche abgerissen wurde, an deren Stelle dann die große Backsteinkirche erbaut worden ist.

Fürsten und Künstler

Die Alexanderschlacht

Der Bau der Frauenkirche in München ist ein schönes Zeugnis für die Eintracht zwischen Fürsten und Bürgern. Das war aber nicht immer so. Hundert Jahre vorher, im 14. Jahrhundert, hat es schwere Spannungen gegeben, nicht nur zwischen den Wittelsbachern und ihren Bürgern, sondern überhaupt zwischen Adel und Fürsten einerseits und den Städten andererseits. Um sich abzusichern, haben die Fürsten ihre Residenzen deshalb gern an den Rand der Stadt gebaut, so daß sie im Streitfall nicht eingeschlossen waren. In München war das die Neuveste am Nordostrand der Stadt. Vor dieser Burg war ein Garten und darin ein sogenanntes Lusthaus, ein Sommerpavillon. Um dieses Gartenhaus auszuschmücken, hat Herzog Wilhelm IV. am Anfang des 16. Jahrhunderts einer Reihe von Malern Aufträge gegeben. Sie sollten Schlachten der Antike darstellen und Szenen aus dem Alten Testament.

Der Augsburger Hans Burgkmair zum Beispiel hat eine Szene aus dem Alten Testament gemalt: Esther, die schöne Jüdin, vor dem Perserkönig Ahasver. Vom gleichen Künstler stammt die Darstellung der Schlacht von Cannae, in der das römische Heer von dem afrikanischen Feldherrn Hannibal besiegt worden ist. Gemessen an der bedeutenden Schlacht, wirkt das Bild einigermaßen harmlos, besonders, wenn man vergleicht, was ein Kollege von Burgkmair, der Regensburger

Herzog Wilhelm IV. (1493–1550), gemalt von Barthel Beham.

Albrecht Altdorfer aus solch einem Thema gemacht hat: Er malt die Schlacht zwischen Alexander dem Großen und dem Perserkönig Darius bei Issus, ebenfalls eine der großen Schlachten der Weltgeschichte. Auch er pinselt Hunderte kleiner Figürchen, jeden einzelnen Soldaten fein säuberlich, aber wenn man dann das Bild als Ganzes betrachtet, werden diese Einzelheiten ganz unwichtig. Man hat das Gefühl, einem kosmischen Ereignis beizuwohnen, wie hier im Osten die Sonne aufgeht und im Westen der Mond verblaßt. Die

Alexanderschlacht ist eines der bedeutendsten Gemälde, das in Europa überhaupt jemals gemalt worden ist. Wilhelm IV. hat sich bei der Vergabe des Auftrags sicher nicht träumen lassen, daß ein solch epochemachendes Gemälde entstehen würde.

Wie wichtig Altdorfer selbst die Arbeit an diesem Bild genommen hat, sieht man daran, daß er damals zum Bürgermeister von Regensburg gewählt werden sollte. Er hat dieses hohe Amt aber ausgeschlagen und sich über Jahre hinweg dieser Arbeit gewidmet. Das Bild gehört zu den wichtigen europäischen Kunstschätzen. Einmal war es als Kriegsbeute in Paris; Napoleon soll es in sein Badezimmer haben hängen lassen, damit er es jeden Tag vor Augen hat.

Durch den Auftrag für die Schlachtenbilder, die heute in der Münchner Alten Pinakothek hängen, wurde Wilhelm IV. der Begründer der Bayerischen Staatsgemäldesammlungen.

Bruderzwist im Hause Bayern

Mit dem Regierungsantritt Wilhelms IV. ist ein Familienstreit im Hause Wittelsbach verbunden. Der Vater, Herzog Albrecht IV., hatte nämlich 1508 ein Gesetz durchgedrückt, das den Landesteilungen ein Ende machen sollte, und bestimmte, daß fortan das Land ungeteilt jeweils dem ältesten Sohn zufallen soll. Dieses Gesetz war für die weitere Bedeutung Bayerns als Staat von größter Wichtigkeit. Damals aber hat es nicht nur Zustimmung gefunden, denn Albrecht IV. hatte drei Söhne. Der Älteste, Wilhelm, war natürlich zufrieden mit einer solchen Regelung, denn er war ja der Erbe. Der Jüngste, Ernst, fügte sich auch; er sollte Bischof werden. Der mittlere Sohn aber, Ludwig, erklärte, das Gesetz sei erlassen worden, als er schon geboren war, das könne auf ihn nachträglich nicht angewendet werden. Dieser Streit im Hause Wittelsbach ist dann so beigelegt worden, daß der Erstgeborene Wilhelm seinem Bruder Ludwig die Mitregierung angeboten hat. Das Land sollte, so wie es das »Primogeniturgesetz« vorschrieb, ungeteilt bleiben, jedoch gemeinsam regiert werden. Und zwar wurde entschieden, daß der Älteste von München aus Oberbayern, der Jüngere aber von Landshut aus Niederbayern regieren solle. So ist es dazu gekommen, daß Herzog Ludwig als Ludwig X. auf der Burg Trausnitz einzog und dort zwanzig Jahre gelebt hat.

Landshut und die Burg Trausnitz über der Stadt sind Gründungen aus der Frühzeit der Wittelsbacher Herrschaft in Bayern. 1204 gegründet, wird Landshut unter Herzog Otto dem Erlauchten Hauptstadt des Herzogtums. Unter Herzog Otto entsteht bereits die Georgskapelle auf der Trausnitz mit ihrem reichen Figurenschmuck, der sein Vorbild in der französischen Kathedralplastik und in dem Werk der großen deutschen Dombaukunst der Stauferzeit hat. Chartres und Naumburg standen Pate.

In dieses Landshut kommt 1516 Herzog Ludwig X., um die Regierung über Niederbayern anzutreten. Zwanzig Jahre hat dieser nachgeborene Wittelsbacher, der ursprünglich für den geistlichen Stand bestimmt war, auf der Burg Trausnitz zugebracht. Er hat dort zwar einen außergewöhnlich großen Weinkeller in den Berg treiben lassen, ansonsten aber wenig an der mittelalterlichen Burg verändert. Auf der Fürstenempore der Georgskapelle hat er sich ein Betstüberl einbauen lassen, um der Heiligen Messe in einem geheizten Raum beiwohnen zu können. Das kleine Gelaß ist mit einem Kachelofen ausgestattet, für den die Hafner »auf dem Kröning«, östlich von Landshut, die Kacheln geliefert haben. Die Verglasung an der Frontseite hat noch die ursprünglichen kleinen runden Öffnungen, die es erlauben, das Meßgeschehen auch zu hören. In die hölzerne Trennwand ist ein kleiner, mit einem Schuber zu öffnender Schlitz eingelassen, durch den der Herzog sein Gesinde vor der Tür beobachten konnte.

Im Bayerischen Nationalmuseum hängt ein Porträt Herzog Ludwigs X., das einen Renaissancefürsten ganz auf der Höhe der Zeit darstellt. Das Bild von Hans Wertinger ist 1516 gemalt, im Jahr des Regierungsantritts des Herzogs, der damals 21 Jahre alt war: Ein junger Mann mit Barett, im voluminösen Pelz, mit reich plissiertem Hemd und kostbarer Goldkette, im Hintergrund eine an die Donauschule erinnernde Landschaft, als oberer Abschluß eine Fruchtgirlande, wie sie als Festdekoration um diese Zeit in Italien beliebt ist. Der Rahmen, unverändert aus der Entstehungszeit des Bildes, ist als Renaissancearchitektur ausgebildet, mit Säulen, Gebälk, Kapitell, Volute und Muschelbekrönung. Obenauf ein Putto, der auf einem Löwen reitet. Das Bild und sein Rahmen haben nichts Mittelalterliches mehr. Da ist kein Fürst, der demütig zu Füßen eines Heiligen kniet, wie noch wenige Jahrzehnte vorher Herzog Sigmund auf dem Altarbild der Kirche von Blutenburg. Ludwig X. ist der selbstbewußte Fürst der Renaissance, der imponieren will. Dieses Gemälde ist eines der frühesten Werke der Renaissance in Bayern.

Italienische Visionen

Erstaunlich, daß ein solcher Mann zwanzig Jahre auf einer mittelalterlichen Burg aushält, die für seine Begriffe ziemlich altmodisch gewesen sein muß. Erst 1536 entschließt sich Ludwig X., von der Trausnitz herunter in die Stadt zu ziehen

Herzog Ludwig X. (1495–1545). Porträt von Hans Wertinger.

und sich dort einen Palast bauen zu lassen. Das Gebäude gegenüber dem Landshuter Rathaus in der Altstadt wurde vom Stadtmaurermeister aus Augsburg aufgeführt. Die Fassade gibt allerdings nicht mehr den richtigen Eindruck, da der Palast um 1780 als Wohnsitz für Herzog Wilhelm von Birkenfeld-Gelnhausen umgebaut wurde, wobei man vor allem die Fenster verändert hat. Wie die Landshuter Stadtresidenz ursprünglich ausgesehen hat, kann man auf einem Stich von Michael Wening aus der Zeit um 1700 sehen.

Der zur Altstadt hin orientierte Bau der Landshuter Stadtresidenz heißt Deutscher Bau. Reich geschnitzte Holzkassettendecken und eine gotische Eingangshalle geben ihm den altdeutschen Charakter. Entstanden ist der Deutsche Bau, für den der Herzog hat vier Häuser abtragen lassen, von 1536 bis 1537.

Während der Bauzeit zieht Ludwig X. nach Italien. Er führt Kaiser Karl V. ein bayerisches Truppenkontingent zu. Bei dieser Gelegenheit lernt der Herzog die Palastarchitektur jenseits der Alpen kennen: in Trient, in Verona, in Venedig, in Padua und am Hof der Gonzaga in Mantua, wo soeben Giulio Romano den Palazzo del Tè vollendet hatte. Dieser Palast macht auf den bayerischen Fürsten einen tiefen Eindruck. Er schreibt seinem Bruder Wilhelm IV. nach München: ». . . glaub ich, daß kain sollicher (Palast) gesehen worden an köstlichen gemachen und gepei auch gemäll, darvon vil zu schreiben und zu sagen wär.«

Als ein Mann von schnellen Entschlüssen läßt der Herzog den Bau in Landshut sofort einstellen und verpflichtet einen Architekten aus Mantua, Meister Sigismondo, und mit ihm zwölf italienische Maurer. Die sollen ihm einen Palast bauen, wie ihn die italienischen Fürsten bewohnen. Ein Gebäude nach den Regeln der klassischen römischen Architektur mit regelmäßigen Fensterachsen, Fensterbekrönungen, mit Säulen- und Pilasterordnungen und einem Innenhof mit einer Loggia für das Leben im Freien.

So ist, von 1537 bis 1543, der Italienische Bau der Landshuter Stadtresidenz entstanden, der erste Renaissancepalast auf deutschem Boden. Um zu ermessen, was das bedeutet, muß man sich die schießschartenartigen Fenster der mittelalterlichen Burgen, die unregelmäßigen, ganz dem Zufall und der Improvisation überlassenen Gebäudeanordnungen mittelalterlicher Gebäude und ihre engen Wendeltreppen vor Augen halten. Dagegen jetzt große regelmäßig nebeneinandergeordnete Fenster, darüber Giebel und Segmente, ganz wie in den Architekturvorschriften des römischen Ingenieur-Architekten Vitruv. Eine luftige Sommerhalle, Säulen aus rotem Marmor und graues Hausteinmauerwerk. Die Säulen sind allerdings nur zum Teil aus Marmor und das Rustikamauerwerk wurde mit Ziegeln imitiert und dann grau verputzt, weil Marmor und Hausteine in Niederbayern fehlen. Trotzdem glaubt man sich im Innenhof dieser Landshuter Residenz und vor der Fassade des Italienischen Baus an der Ländgasse nach Florenz versetzt.

In den ersten Stock führt eine für damalige Verhältnisse besonders breite, gegenläufige Treppe, die auch zu Pferd be-

Der Italienische Saal in der Stadtresidenz von Landshut konnte über eine Reiterstiege auch zu Pferd betreten werden.

gangen werden kann. Auch sie hat ihr Vorbild in der italienischen Palastarchitektur der Zeit. Mit dieser Treppe in Landshut beginnt auch in Deutschland das Bestreben, eine Treppe möglichst bequem, weiträumig und auch prächtig zu machen. Das führt später zu den großartigen Treppenanlagen des Barocks in Schleißheim, in Pommersfelden, in Brühl. Und noch das herrschaftliche Mietshaus des 19. Jahrhunderts hat prächtige Treppenhäuser, die einen Eindruck von der Vornehmheit seiner Bewohner vermitteln sollen.

Vom Erbauer dieses Palastes ist ein Porträt aus der Zeit überliefert, als die Handwerker den Italienischen Bau aufführten. Ludwig X. erscheint da (das Bild hängt in der Landshuter Residenz) als ein außergewöhnlich dicker Mann, der seine imposante Erscheinung noch durch ein entsprechendes Kostüm unterstreicht. Er läßt sich zusammen mit einem hinter ihm ruhenden Löwen malen, dem Wittelsbachischen Wappentier, das hier gleichzeitig dem Imponiergehabe seines Herrn dient. Ein Erscheinungsbild, wie wir es von Heinrich VIII. von England und von Franz I. von Frankreich kennen: Einer dicker als der andere, und jeder voller Bewunderung für die Kunst Italiens.

Im Italienischen Saal im ersten Stock wird das ganz deutlich: Diese Kühle, diese Eleganz; ein weiträumiges Rechteck, klare Linien, Marmor und Stuck. Kein Holz mehr wie im Deutschen Bau. In die gewölbte Tonnendecke sind Kassetten eingelassen mit den Porträts antiker Männer: Alexander, Hannibal, Pythagoras. An der Stirnseite Klio, die Muse der Geschichte. Der Herzog hatte seinem Architekten ein Programm aufgegeben wie für den Bau eines Humanistischen Gymnasiums.

Bäder, Wein und Venus

Diese Liebe zur Antike folgt nicht nur der Mode der Zeit. Die bayerischen Prinzen waren vielmehr von einem Humanisten erzogen worden, von Johannes Turmair, der sich dem Brauch der Zeit entsprechend nach seiner Vaterstadt Abensberg Aventinus nennt. Der große Geschichtsschreiber des 16. Jahrhunderts und bayerische Hofhistoriograph hat seinen herzoglichen Zöglingen die Liebe zu den antiken Schriftstellern und zur antiken Geschichte vermittelt.

Die Liebe zur antiken Welt, das war die eine Seite der Renaissance. Daneben aber haben die Menschen damals noch etwas anderes entdeckt: die Liebe zur Natur. Das ist besonders schön im sogenannten Apollozimmer der Landshuter Residenz zu sehen. Da ist, trotz Apoll im Scheitel des Gewölbes, die Antike ganz vergessen. Der Besucher befindet sich in Niederbayern, mitten auf dem Land, denn in die Gewölbezwickel sind Monatsbilder mit Darstellungen des ländlichen Lebens im Jahresablauf eingelassen, realistische Darstellungen der Bauernarbeit und des Vergnügens: Von der Aussaat im März, dem Austrieb des Viehs im April, der Schafschur, der Getreideernte, der Weinlese und dem Flachshecheln bis zur Holzarbeit im Dezember. Dazwischen Szenen aus dem adeligen Leben: Reiherbeize, Bärenjagd, Schlittenkorso und Fasnachtsvöllerei. Hintergrund eines dieser Monatsbilder ist die Heimatstadt des Malers Hans Bocksberger, Salzburg – eine der frühesten Darstellungen der fürstbischöflichen Festung und Stadt an der Salzach.

Der Überlieferung nach war Ludwig X., im Gegensatz zu seinem nüchternen, strengen Bruder Wilhelm, ein Genießer; eine Inschrift in dem Raum, der wohl als sein Schlafzimmer gedient hat und im Gewölbescheitel eine Venus des Malers

Herman Posthumus zeigt, läßt jedenfalls den Schluß zu, daß der Herzog die Genüsse des Lebens zu schätzen wußte: BALNEA VINA VENUS CORRUMPUNT CORPORA NOSTRA / RESTAURANT CORPUS, zu deutsch: Bäder, Wein und Venus richten unsere Körper zugrunde, sie richten sie aber auch wieder auf. Zu dieser Lebenshaltung paßt das Badhaus, das sich Ludwig X. ganz nah am Isarufer an seinen Palast hat anbauen lassen, ein Pavillon in außergewöhnlich schönen Proportionen, der Baderaum mit reichornamentierten Türen im Renaissancestil geschmückt, jedoch ohne jede Installation. Das Wasser für die Bäder mußten die Diener auf dem Rücken hereintragen und in die Badezuber schütten, das gebrauchte Wasser wurde dann durchs Fenster in die Isar geschüttet.

Nach siebenjähriger Bauzeit war die Stadtresidenz Ludwigs X. 1543 fertiggestellt. Zwei Jahre später ist der Herzog bereits gestorben, erst 50 Jahre alt. Er hat, wie das so oft geht, mehr Genuß am Entstehen seines Baues gehabt als an der Benützung. Was er geschaffen hat, ist aber noch heute, nach bald 450 Jahren, eine der schönsten Erbschaften, die uns ein Wittelsbacher hinterlassen hat.

Begraben ist Herzog Ludwig X. in der Abteikirche von Seligenthal in Landshut. Seine Grabplatte stammt aus dem Umkreis von Loy Hering in Eichstätt, der damals einer der meistbeschäftigten Bildhauer Süddeutschlands war.

Kleine Mittel – große Träume

Fast alle Fürsten, die groß gebaut und uns ihre Bauten hinterlassen haben, mußten über ihre Verhältnisse leben. Ihre Träume waren größer als ihre finanziellen Möglichkeiten. Der Pfalzgraf und Herzog Ottheinrich, der wesentliche Teile des Schlosses von Neuburg an der Donau aufführen ließ, hat eine regelrechte finanzielle Katastrophe heraufbeschworen. Er hat Bankrott gemacht und hat, als Folge davon, eines Tages zusehen müssen, wie das Inventar seines Schlosses versteigert wurde.

Das war am 3. Februar 1544. An diesem Tag waren im Hof des Neuburger Schlosses Möbel, Bilder, Teppiche, Skulpturen, Silber und was es sonst in einem Schloß noch Wertvolles gibt, aufgestapelt und wurden an den Meistbietenden versteigert. Mit dem Erlös hat die Hofkasse die dringlichsten Gläubiger ausbezahlt. Das waren vor allem die Handwerker, die ja bei solchen finanziellen Zusammenbrüchen immer die Hauptleidtragenden sind. Für uns, die wir immer wieder hören, mit welcher Willkür die Fürsten angeblich regiert haben, ist es dabei nicht ohne Interesse festzustellen, daß ein Landesherr wie der Pfalzgraf von Neuburg im 16. Jahrhundert durchaus gehalten war, die Gesetze zu achten. Der Fürst hatte seine Schulden zu zahlen wie jeder seiner Untertanen auch.

Pfalzgraf Ottheinrich war früh verwaist, ein fürstliches Waisenkind ohne Land. Er war eigentlich dazu bestimmt, das Erbe des Teilherzogtums Niederbayern anzutreten. Seine Mutter Elisabeth war die Tochter des letzten regierenden Herzogs, Georg des Reichen von Landshut-Niederbayern. Als Frau konnte sie jedoch das Erbe ihres Vaters nicht übernehmen. Das haben die lehensrechtlichen Vorschriften und die Hausgesetze, die eine Erbfolge nur im Mannesstamm vorsahen, nicht zugelassen. Die Wittelsbacherin hat, unterstützt von ihrem Gemahl Ruprecht von der Pfalz, Krieg um ihr Erbe geführt, den Landshuter Erbfolgekrieg (bei dem übrigens der Ritter Götz von Berlichingen vor der Stadt Landau an der Isar seine Hand verloren hat). Im Verlauf dieses Krieges sind aber 1504 sowohl die Herzogin Elisabeth als auch ihr Ehemann Ruprecht gestorben. Niederbayern wurde mit dem Herzogtum Oberbayern vereinigt und hörte damit auf, ein selbständiges Territorium zu sein. Für den unversorgten Prinzen Ottheinrich aber setzte Kaiser Maximilian die Schaffung eines kleinen Fürstentums, vornehmlich aus oberpfälzischen Gebieten durch, das Herzogtum Neuburg.

Dieses Neuburg war die Miniatur eines Fürstentums. Die Jahreseinnahmen haben 24000 Gulden betragen. Damit hat man auch damals keine großen Sprünge machen können, vor allem, wenn man bedenkt, daß mit diesem Geld die gesamte Verwaltung bestritten werden mußte. Die Landstände mit dem Recht zur Steuerbewilligung bestanden aus acht Prälaten, also Vorstehern von Klöstern, 126 Grundherren und vierzehn Abgeordneten von Städten und Märkten. Die Hauptorte des Fürstentums waren Lauingen, Hilpoltstein, Burglengenfeld und Sulzbach in der Oberpfalz, und, als Residenz, Neuburg an der Donau. Das war eine alte wittelsbachische Burg, unrühmlich bekannt dadurch, daß dort der Konflikt zwischen Ludwig im Bart, dem Herzog von Bayern-Ingolstadt, und seinem Sohn Ludwig dem Buckligen seinen Höhepunkt gefunden hatte; denn in Neuburg hat der Sohn den Vater belagert, gefangengenommen und der Herrschaft beraubt.

Heute ist Neuburg eine der schönsten deutschen Residenzstädte, ein gut erhaltenes Kleinod, in jüngster Zeit an vielen Stellen renoviert, eine Ansammlung außergewöhnlich schö-

Innenhof von Schloß Neuburg an der Donau.

ner Bürgerhäuser vornehmlich aus dem 17. und 18. Jahrhundert. Im Mittelpunkt eine Hofkirche und, am Rand, am Abhang zur Donau hin, das Schloß: Eine imposante Vierflügelanlage mit Bauteilen aus verschiedenen Zeiten, vom 15. bis zum 19. Jahrhundert. Wesentliche Trakte dieses Neuburger Schlosses stammen von Ottheinrich, der sofort, nachdem er zur Regierung gekommen war, dort zu bauen begonnen hat.

Ottheinrich baut ungefähr zur gleichen Zeit wie sein Vetter Herzog Ludwig X. in Landshut. Sein Neuburger Schloß zeigt aber, daß er einen wesentlich konservativeren Geschmack hatte als der Landshuter. Da ist wenig von italienischer Renaissance. Die der Stadt zugekehrte Fassade des sogenannten Ottheinrichsbaus ist reine deutsche Renaissance, wie man sie in Augsburg und Nürnberg findet. In Neuburg haben, im Gegensatz zu Landshut, vornehmlich deutsche Baumeister gearbeitet. Nur die Tordurchfahrt in den Innenhof läßt einen anderen Stil anklingen. Das Kassettengewölbe mit den stukkierten Porträtmedaillons erweckt italienische Visionen. Hier waren Stukkateure und Maurer tätig, die Ludwig X. nach Neuburg ausgeliehen hatte.

Von besonderem Reiz am Neuburger Schloß sind die innen umlaufenden Arkaden und der Treppenturm mit dem Sgraffittoschmuck. Das Neuburger Schloß ist mehrmals ausgeplündert worden, hat lange als Kaserne und als Archiv gedient und bietet deshalb im Innern nur mehr einen schwachen Abglanz seiner ehemaligen Pracht. Den besten Eindruck, wie es innen einmal ausgesehen hat, gewinnt man im sogenannten oberen Flez, einem repräsentativen Vorraum des Ottheinrichsbaus mit einer reichen Holz-Kassettendecke.

In diesen Räumen hingen einmal bedeutende Gemälde, die inzwischen in alle Winde zerstreut sind: das Porträt des Bruders Ottheinrichs, Pfalzgraf Philipp, gemalt von keinem geringeren als Hans Baldung Grien, 1517 in Freiburg. Sicher

Pfalzgraf Philipp, der jüngere Bruder Ottheinrichs,
gemalt von Hans Baldung Grien.

auch das Porträt des Hausherrn, des Pfalzgrafen Ottheinrich, von Barthel Beham, beide jetzt in der Münchner Alten Pinakothek, wie auch Maria mit dem Kind in der Glorie von Albrecht Altdorfer. Auch ein Bild von Tizian war in der Gemäldegalerie Ottheinrichs enthalten, das Porträt des Herzogs Federigo Gonzaga von Mantua. Dieses Bild hat Kaiser Karl V. 1546 bei der Eroberung Neuburgs im Schmalkaldischen Krieg als Beute weggeschleppt. Es hängt heute im Prado in Madrid. Das Porträt von Christoph Columbus, ge-

Pfalzgraf Ottheinrich (1502–1559),
gemalt von Barthel Beham.

malt von Sebastiano del Piombo, hat seinen Weg von Neuburg in eines der Museen der Welt genommen: es war der Pfalzgräfin Elisabeth Charlotte (Liselotte von der Pfalz) als Heiratsgut mitgegeben worden, als sie mit dem Bruder Ludwigs XIV., dem Herzog von Orléans, verehelicht wurde. Aus dem Besitz der Orléans ist es in das Metropolitan Museum of Art in New York gelangt.

Ottheinrich hat schon mit dreißig Jahren an Fettleibigkeit, an Wassersucht und an Rheumatismus gelitten. Das Porträt von Barthel Beham zeigt den 33jährigen als einen leicht ver-

Rüstung des Pfalzgrafen Ottheinrich in der Waffensammlung des Kunsthistorischen Museums in Wien.

fetteten, robusten Mann, handfest mit roten Backen und scharfen Augen. Ein Genießer, dem man ansieht, daß er das Leben liebt: Essen und Trinken, Frauen, imposante Kleider, Schmuck, die Jagd, das Turnier. Daß dieser Ottheinrich nicht immer so unförmig war, wie er auf dem Behamporträt dargestellt wird, beweist eine Rüstung, die zu den Kostbarkeiten der Waffensammlung des Kunsthistorischen Museums in Wien gehört. Eine Taille, die man meint, mit zwei Händen umspannen zu können. Gut gearbeitete Prunkrüstungen waren eine der Leidenschaften Ottheinrichs. Das bedeutendste

Exemplar aus seinem Besitz ist inzwischen im Besitz der Wallace-Collection in London; es ist aus dem Neuburger Zeughaus im Krieg 1800 von französischen Truppen weggeführt worden.

Man hat solche Rüstungen in der Mitte des 16. Jahrhunderts nicht mehr getragen, um damit in den Krieg zu ziehen. Das war seit der Erfindung der Feuerwaffen vorbei. Die Rüstungen dienten dem Imponiergehabe, dem Prestige ihres Trägers. In Gebrauch waren sie beim Turnier, dem adeligen Sport. Ottheinrich war ein leidenschaftlicher Turnierkämpfer. In seinem Tagebuch heißt es: »Haben wieder viel gejagt, turniert und gelacht.«

Allüren der großen Welt

Die außergewöhnlich prunkvollen Rüstungen zeigen, daß Ottheinrich den Ehrgeiz hatte, es den Großen seiner Zeit gleichzutun, dem Kaiser, den Königen. Der junge Pfalzgraf hat schon sehr früh in der großen Welt gelebt, und dabei wohl die Allüre angenommen, die ihm sein ganzes Leben zu eigen war. Ottheinrich war mit siebzehn Jahren Mitglied einer Gesandtschaft, die König Karl von Spanien die Nachricht von seiner Wahl zum deutschen König überbracht hat. Anschließend war er bei der Krönung Karls V. in Aachen dabei und ist auch noch 1520 zum Reichstag nach Worms mitgezogen.

Auf diesen Reisen hat Ottheinrich die flandrische Teppichweberei kennengelernt. Bald nach seinem Regierungsantritt beginnt er, Teppichserien für sein Schloß in Neuburg in Auftrag zu geben, darunter die Darstellung seiner Jerusalemreise von 1521. Insgesamt sind an die hundert Teppiche be-

kannt, die Ottheinrich im Lauf seines Lebens für die Ausgestaltung seiner Schlösser hat anfertigen lassen. Der Jerusalem-Teppich, der heute im Bayerischen Nationalmuseum hängt, ist wahrscheinlich in einer von Ottheinrich in Lauingen gegründeten Manufaktur gewebt worden. Auf dem Teppich hat er sich und seine Reisegefährten porträtieren lassen, mit denen er zu diesem damals außergewöhnlichen Unternehmen aufgebrochen war. Den Landständen des Herzogtums scheint diese Reise sehr mißfallen zu haben, denn als Ottheinrich bald nach seiner Rückkehr für mündig erklärt wurde und die Regierung antrat, ermahnen sie ihn bei der Huldigung, künftig im Land zu bleiben und, vor allem, nicht mehr Geld auszugeben als er einnehme.
Das Selbstgefühl Ottheinrichs beweisen sehr gut die zahlreichen Porträtmedaillen, die er im Laufe seines Lebens in Auftrag gegeben hat. Zwei besonders bedeutende Exemplare im Besitz des Wittelsbacher Ausgleichsfonds zeigen den 20jährigen Ottheinrich unmittelbar nach der Rückkehr von seiner Palästinareise und seinen jüngeren Bruder Philipp. Die Steinschnitte in Solnhofer Kalkstein sind Arbeiten von Hans Daucher. Sie sind in den zwanziger Jahren unseres Jahrhunderts im Kunsthandel aufgetaucht und damals von Kronprinz Rupprecht erworben worden.

Die Pfalzgrafen Ottheinrich und Philipp. Steinschnitte von Hans Daucher.

Die Medaillenkunst war am Anfang des 16. Jahrhunderts eine in Deutschland neue, überaus geschätzte Art, sich porträtieren zu lassen. Die Anregung dazu stammt aus der Antike, von den Kaiserporträts auf Münzen. Eine der frühesten Porträtmedaillen, die in Deutschland überhaupt jemals gemacht wurden, zeigt bezeichnenderweise den jungen Ottheinrich von Pfalz-Neuburg, einen jungen Mann mit weichen Zügen. Sie ist 1520 entstanden, während des Reichstags von Worms.

Ottheinrich hat immer wieder solche Bildnismedaillen in Auftrag gegeben. Eine Kollektion davon befindet sich in der Staatlichen Münzsammlung in München. Man kann dort sehr gut die Veränderungen seines Gesichts im Verlauf der Jahre verfolgen. Ein Porträt von dem Bildschneider Mathes Gebel von 1531 zeigt den 29jährigen bereits deutlich gealtert mit schweren Tränensäcken unter den Augen. Die letzte dieser Medaillen hat Ottheinrich noch in seinem Todesjahr 1559 in Auftrag gegeben. Inzwischen war er Kurfürst von der Pfalz geworden. Doch davon später.

Ottheinrich und Susanne

Hans Daucher, der große Medaillenkünstler dieser Zeit, hat auch die Gemahlin Ottheinrichs porträtiert, die Pfalzgräfin Susanne, und zwar im Jahr ihrer Heirat mit Ottheinrich, 1529. Vorausgegangen war eine richtige Liebesromanze. Ottheinrich und Susanne hatten sich nämlich schon elf Jahre vorher kennengelernt, in Augsburg, bei der Hochzeit der Bayernprinzessin Susanne mit Markgraf Kasimir von Brandenburg-Kulmbach. Damals, 1518, hatte Ottheinrich der Braut die Schleppe getragen und sich wohl dabei in sie ver-

Das Urteil des Paris. Eine Huldigung des Pfalzgrafen Ottheinrich an seine Frau Susanne. Steinrelief von Doman Hering.

liebt. Denn kaum daß der Markgraf gestorben war, heiratete Ottheinrich die Witwe. Diese Pfalzgräfin Susanne muß ein ganz außergewöhnlicher Mensch gewesen sein. Dürer hat sie 1525 in ihrer Jugend gezeichnet. Das Blatt befindet sich im Fogg-Art-Museum in Cambridge, USA. Es zeigt ein Wesen nicht ohne Koketterie, aber ganz umflossen von der Aura einer lebensvollen, fast bäuerlichen Natürlichkeit. Die Ehe mit dem Pfalzgrafen Ottheinrich war sehr glücklich. Susanne war

Grünau in den Donauniederungen bei Neuburg, das Jagdschloß, das Pfalzgraf Ottheinrich seiner Gemahlin Susanne hat bauen lassen.

eine große Jägerin, und Ottheinrich hat ihr ein bezauberndes Jagdschloß gebaut, Grünau in den Donauniederungen bei Neuburg. Von der weitgehend verschwundenen ehemaligen Ausstattung haben sich zwei Steinreliefs von Hans Daucher erhalten, eines davon in Berlin-Dahlem in der Skulpturensammlung der Stiftung »Preußischer Kulturbesitz«, das andere im Hohenlohe-Schloß Neuenstein. Das jetzt in Berlin befindliche Relief zeigt Ottheinrich als Paris, wie er einer der drei Göttinnen den Apfel reicht, die Auserwählte ist natürlich seine Frau Susanne. Die Ehe hat nicht sehr lang gedauert. Nach vierzehn Jahren ist die Pfalzgräfin Susanne gestorben. Es heißt, daß sie in ihren letzten Jahren gekränkelt hat, ver-

härmt und verbittert war. Das Porträt von Peter Gärtner in Schloß Berchtesgaden läßt davon etwas ahnen. Das große Problem dieser Ehe war, daß die beiden keine Kinder bekommen konnten. Für einen regierenden Fürsten eine zentrale Lebensfrage, weil er damit absehen kann, daß seine Linie ausstirbt. Ottheinrich, der ausgeprägten Geltungssinn und Familienstolz hatte, mag das ganz besonders beschäftigt haben. Wie groß Ottheinrich von seiner Familie dachte, das läßt sich an den Porträtteppichen ablesen, die er in Auftrag gegeben hat und die heute zu den großen Kostbarkeiten des Museums in Neuburg gehören. Repräsentative Darstellungen seiner eigenen Person, seiner Frau Susanne und seines Bruders Philipp. Ottheinrich war davon überzeugt, zu Unrecht um ein Leben in einem größeren Wirkungskreis mit größeren Möglichkeiten gebracht worden zu sein. In seinen Memoiren beklagt er sich bitter, daß man ihn mit einem kleinen Fürstentum abgespeist habe, obwohl er doch von den sprichwörtlich reichen Herzögen von Niederbayern abstamme. Schließlich ist Ottheinrich aber dann doch noch eine Rolle zugefallen, die ihn über seine bescheidenen Neuburger Verhältnisse hinausgehoben hat. Er schließt sich der Reformation an und wird einer der Führer des deutschen Protestantismus.

Der neue Glaube

Als junger Pfalzgraf hatte Ottheinrich ja die Auseinandersetzungen um die rechte Religion, den Streit und den Prozeß um Luther aus nächster Nähe miterlebt. Er war im Gefolge des Kaisers zu dem Reichstag nach Worms gekommen, wohin Luther vor den Kaiser geladen worden war. Und nun, nachdem er zwanzig Jahre lang regiert hat, entscheidet sich Ottheinrich mit 40 Jahren für die neue Lehre und reformiert sein Land. Den öffentlichen Übertritt und die Reformation des Landes vollzieht er allerdings erst nach dem Tod seiner Frau, 1543. Die Herzogin Susanne entstammte der Münchner Linie der Wittelsbacher, die entschieden auf seiten der katholischen Partei stand. So wirkt das Zögern Ottheinrichs wie eine Geste der ehelichen Liebe und Rücksicht.

Der Schritt ins protestantische Lager birgt das höchste Risiko. Karl V. rüstet zum Krieg gegen die Protestanten. Indem sich Ottheinrich auf die Seite der Feinde des Kaisers stellt, wagt er den höchsten Einsatz. Dabei stehen ihm die Schulden bis zum Hals. Es sind die Jahre, in denen es zur Versteigerung des Schloßinventars kommt, damit die dringlichsten Gläubiger befriedigt werden können.

Trotzdem hat der Pfalzgraf Zeit und Ruhe, sich mit der Neugestaltung seiner Schloßkapelle im Sinn der lutherischen Lehre zu beschäftigen. An den Humanisten Andreas Osiander in Nürnberg ergeht der Auftrag, eine Bildfolge auszuarbeiten; die Kapelle soll nun keine Darstellungen von Heiligen mehr enthalten, sondern Szenen des Alten Testaments. Deutlich soll auch werden, daß nur zwei Sakramente vor dem neuen Glauben bestehen können, die Taufe und das Abendmahl. Der Auftrag, einen entsprechenden Bildzyklus zu schaffen, ging an Hans Bocksberger den Älteren, den Maler aus Salzburg, der in Italien die Freskomalerei studiert hatte und nun den Formenschatz eines Raffael nach Neuburg bringt. Mit der Schloßkapelle von Neuburg hat Ottheinrich eine der ersten protestantischen Kirchen geschaffen, ein Denkmal der deutschen Religionsgeschichte.

1544, als die Kapelle gerade in ihrem neuen Schmuck fertig war, mußte Ottheinrich die Regierung an die Landstände übergeben, die sich bereit erklärt hatten, seine Schulden zu übernehmen. Ausgestattet mit einer Pension dieser Landstände ging Ottheinrich ins Exil nach Heidelberg, zu seinem Onkel Kurfürst Friedrich II. von der Pfalz. Zwei Jahre später haben die Truppen Karls V. im Schmalkaldischen Krieg Neuburg erobert und ausgeplündert. Bilder, Rüstungen und Teppiche sind damals weggeschleppt worden; einen Teil davon hat Ottheinrich später mit viel Mühe zurückbekommen, vor allem die Porträtteppiche, die jetzt im Besitz des Museums in Neuburg sind, und die Teppiche, die heute im Bayerischen Nationalmuseum hängen.

Zwölf Jahre lang hat Ottheinrich im Exil, zuerst in Heidelberg und später in Weinheim, gelebt. Er konnte damit rechnen, seinen kinderlosen Onkel zu beerben, und ist 1556 auch wirklich Kurfürst von der Pfalz geworden. Damit war er, dem Range nach, der erste der weltlichen Kurfürsten. Ott-

Kurfürst Ottheinrich von der Pfalz. Alabasterstatuette von Dietrich Schro (Paris, Musée du Louvre).

heinrich hat also jetzt, am Ende seines Lebens, endlich die Stellung, von der er immer überzeugt war, daß sie ihm gebühre.

Der Kurfürst Ottheinrich war inzwischen ein unvorstellbar dicker Mann. Er soll fast vier Zentner gewogen haben. Im Museum von Neuburg wird eine seidene, gewirkte Weste aus seinem Besitz aufbewahrt. Sie ist so weit, daß sie sich vier Männer um den Leib wickeln können. Es heißt auch, daß man nach seinem Tod aus einem seiner Nachthemden 24 Taschentücher in der Größe von Servietten geschneidert habe. »Mehr ein Monstrum als ein Mensch«, sollen die Heidelberger gesagt haben, wenn er sich in seiner Sänfte durch die Straßen tragen ließ. Gehen konnte er schon nicht mehr. Eine kleine Alabasterstatuette, vermutlich von Dietrich Schro, im

Fassade des Ottheinrichbaus im Heidelberger Schloß.

Louvre in Paris, ein Spitzenwerk der europäischen Skulptur, gibt eine Vorstellung davon, wie unförmig er war.

Trotz seiner Hinfälligkeit läßt Ottheinrich in den wenigen Jahren, die ihm noch verblieben, in seinem Schloß zu Heidelberg einen Neubau aufführen, den Ottheinrichsbau. Die Fassade dazu soll nach seinen eigenen Entwürfen entstanden sein. Ottheinrich hatte in seiner Bibliothek, der Palatina (der größte Teil davon ging im Dreißigjährigen Krieg nach Rom, in die Vatikanische Bibliothek), die klassischen Architekturbücher der Antike und der Renaissance gesammelt. Außer mit seinem Schloßbau beschäftigte sich der Kurfürst damals noch vor allem mit der Heidelberger Universität, die durch ihn zu einer der führenden protestantischen Hochschulen des Reiches geworden ist.

Wie sich Ottheinrich am Ende seines Lebens selbst gesehen hat, läßt sich an einem der von ihm in Auftrag gegebenen Ahnenteppiche ablesen, die jetzt im Besitz des Bayerischen Nationalmuseums sind. Da sitzt er im Ornat des Kurfürsten auf einem Faltstuhl, hinter sich die Reihe seiner Ahnen, so als wolle er ausdrücken, daß er überzeugt sei, sich ihrer würdig erwiesen zu haben. Die Teppiche sind 1558 in Brüssel entstanden, ein Jahr vor seinem Tod.

Die rheinische Erbschaft

Sein Herzogtum Neuburg hatte Ottheinrich, nachdem er Kurfürst geworden war, einem Verwandten übergeben, dem Pfalzgrafen Wolfgang von Zweibrücken. Dessen Sohn Philipp schließt eine für das Haus Wittelsbach bedeutsame Ehe. Er heiratet 1574 die Erbtochter Anna des Herzogs von Jülich, Cleve und Berg, wodurch ein großer Besitz am Niederrhein, der beiderseits des Rheins von Bonn im Süden bis Düsseldorf im Norden reicht, an die Herzöge von Pfalz-Neuburg fällt. Die Herzöge von Neuburg hatten damit eine zweite Residenz in Düsseldorf. Das sollte für die Mehrung des Kunstbesitzes der Wittelsbacher von großer Bedeutung werden, denn der Herzog der nächsten Generation, Wolfgang Wilhelm, machte von Düsseldorf aus in Brüssel die Bekanntschaft eines Malers, der damals der erste Maler Europas war: Peter Paul Rubens.

Herzog Wolfgang Wilhelm tritt mit dem gleichen hohen Anspruch auf wie sein Ahnherr Ottheinrich. In der Münchner Pinakothek hängt sein von van Dyck, dem Hofmaler des englischen Königs, gemaltes Porträt. Er möchte die Schwester Magdalena des Herzogs Maximilian von Bayern, des späteren Kurfürsten, heiraten. Als Protestant kann er das nicht. Er muß konvertieren, um sein Ziel zu erreichen. Weil dieser Glaubenswechsel vor dem Vater in Düsseldorf verheimlicht werden muß, tritt er heimlich zum katholischen Glauben über. Kaum ist der Vater gestorben, läßt er die Hofkirche in Neuburg sofort in eine katholische Kirche umwandeln. Und die Altarbilder dafür bestellt er bei Rubens in Antwerpen. So kommen damals drei Gemälde des berühmten Flamen nach Bayern; heute sind sie im Besitz der Alten Pinakothek in München: Das Pfingstfest, Die Geburt Christi und Der En-

Herzogin Magdalena von Bayern,
Gemahlin des Pfalzgrafen Wolfgang Wilhelm von Pfalz-Neuburg.
Porträt von Peter Candid.

gelsturz, das letzte ein nachweislich ganz von Rubens eigenhändig ausgeführtes Bild, also keine der vielen Werkstattarbeiten. So hat Rubens, der Malerfürst der Barockmalerei, der damals auch ein Hochaltarblatt für den Dom von Freising liefert, zwischen 1615 und 1625 seinen Einzug in Bayern gehalten; ein triumphales erstes Aufrauschen des Barock in diesem Land.

Um die Neuburger Rubensbilder ist es später zu einem

Streit gekommen, in den sogar der Papst eingeschaltet wurde. Einer der Nachfolger des Herzogs Wolfgang Wilhelm, der Kurfürst Johann Wilhelm, der als Jan Wellem am Niederrhein eine bekannte Figur ist, wollte die Gemälde in seiner Residenz in Düsseldorf haben. Dagegen haben sich die Neuburger verständlicherweise heftig gewehrt. Das hat aber schließlich nichts genützt, die Bilder wurden der Galerie in Düsseldorf einverleibt und von dort sind sie am Ende des 18. Jahrhunderts, als der gesamte Wittelsbachische Kunstbesitz in Bayern vereinigt wurde, nach München gelangt.

Die Lust zu leben

»Majestät haben zu wählen zwischen der Liebe Ihres Volkes und der Freundschaft Richard Wagners«. Mit diesen Worten wurde Ludwig II. 1865 gezwungen, Wagner von seinem Hof und aus München zu verbannen. Einen ähnlichen Konflikt hat es im Hause Wittelsbach schon dreihundert Jahre früher einmal gegeben. Den Konflikt eines Fürsten zwischen seinen Neigungen und seiner Pflicht, zwischen der Kunst und den Amtsgeschäften, zwischen mäzenatischer Freigebigkeit und der Sparsamkeit des guten Hausvaters. Das war im 16. Jahrhundert, am Hof Albrechts V. von Bayern. Der Stein des Anstoßes war damals der Leiter der Hofkapelle, Orlando di Lasso.

Dieser Niederländer war 1557 als Sänger nach München berufen worden. Er hatte bereits eine Laufbahn als Leiter der päpstlichen Kapelle in Rom hinter sich und ist in München sehr schnell zum Hofkapellmeister aufgestiegen. Der Herzog hatte an ihm Gefallen gefunden. Die fürstlichen Räte beschweren sich, daß bei jeder Gelegenheit am Hof Musik gemacht wird. Nicht nur in der Kirche, zu den Messen, sondern auch bei der Tafel. Die Räte finden es auch nicht angebracht, daß sich der Herzog unter die Musiker mischt, keinen Abstand hält, sich gemein macht mit diesem liederlichen Volk. Und dann noch die Besoldung: Unerhört, daß so ein Gaukler und Zeitvertreiber genausoviel Gehalt bezieht wie ein fürstlicher Rat. Es ist der alte Gegensatz zwischen der Welt der Bürger und der Welt der Künstler, zwischen Nützlichkeit und Schönheit, zwischen dem Gewöhnlichen und dem Außerordentlichen.

Orlando di Lasso war neben Palestrina der bedeutendste Komponist des 16. Jahrhunderts. Seine Größe liegt darin, daß er alles zusammenfaßt, was es bis dahin an Stilrichtungen in der europäischen Musik gegeben hat: das deutsche Lied, das französische Chanson, die volkstümlichen neapolitanischen Lieder, die Mehrstimmigkeit des Nordens und den melodischen Stil des Südens. Er führt die Tonmalerei als Ausdrucksmittel in die Kunst ein und auch die Dissonanz. Seine Kompositionen zeichnen sich dadurch aus, daß er eine Übereinstimmung zwischen dem musikalischen Motiv und dem Text anstrebt – Stilmittel, die für die europäische Musik der Neuzeit charakteristisch werden.

Orlando di Lasso hat München für fast ein halbes Jahrhundert zum Mittelpunkt des europäischen Musiklebens gemacht. Wie das war, wenn am Hof musiziert wurde, wissen wir sehr genau, weil Albrecht V. die Bußpsalmen Lassos in Prachtbänden hat niederschreiben und reich illustrieren lassen, auch mit Szenen vom Hofleben. Hans Muelich hat die Sänger und Instrumentalisten gemalt, wie sie bei der Messe und im großen Festsaal, dem Georgssaal der herzoglichen Neuveste, musizieren.

Albrecht V. wird in seiner Jugend als ein gewinnender,

Die Hofmusik unter Herzog Albrecht V. im Georgssaal der ehemaligen Neuveste in der Münchner Residenz. Buchillustration in der Prachthandschrift der Bußpsalmen von Orlando di Lasso.

Herzog Albrecht V. (1528–1579)
zur Zeit seines Regierungsantritts,
gemalt von Hans Muelich.

freundlicher Mann geschildert, gebildet, aber zum Kummer seiner Räte überhaupt nicht an den Regierungsgeschäften interessiert. Mit achtzehn Jahren hat er die Tochter des späteren Kaisers Ferdinand geheiratet, Erzherzogin Anna von Österreich, eine Verbindung, die seinen Wunsch nach fürstlicher Repräsentation sicher beflügelt hat. Welchen Aufwand das fürstliche Paar getrieben hat, läßt sich an dem Inventar des Schmuckes der Herzogin ablesen, das Albrecht V. hat anle-

Herzog Albrecht V. und Herzogin Anna beim Schachspiel.
Miniatur von Hans Muelich
im Kleinodienbuch der Herzogin Anna.

gen lassen, indem er seinen Hofmaler Muelich beauftragte, jedes Schmuckstück peinlich genau abzumalen. Die in einem Band zusammengefaßten Blätter bilden das Kleinodienbuch der Herzogin Anna, eines der liebenswürdigsten Stücke in der Handschriftenabteilung der Bayerischen Staatsbibliothek. Die Schmuckstücke wurden immer wieder umgearbeitet, neu gefaßt, die Fassungen eingeschmolzen, so daß kaum etwas erhalten ist, was sich heute noch als Besitz des Herzogspaares von damals identifizieren ließe. Ein Ring allerdings ist überkommen, eine Diamant-Doppelrosette in einer Krallenfassung, der Hochzeitsring Albrechts V. Er wird in der Schatzkammer der Münchner Residenz aufbewahrt.

Fürstliche Schatzkammer

Diese Schatzkammer geht in ihren Anfängen auf eine Verordnung Albrechts V. zurück, der 1565 bestimmte, daß ausgewählte Kleinodien aus seinem Besitz fortan als unveräußerlicher Hausschatz für alle Zeiten gelten sollen. Sieben dieser Kleinodien haben sich bis heute in der Schatzkammer erhalten: eine Prunkkette, angefertigt nach einem Entwurf von Hans Muelich, ein reich mit Edelsteinen verzierter Prunkpokal aus Gold, mit Emailschmelz überzogen, eine Arbeit des Münchner Goldschmied Hans Reimer, drei goldgeschmelzte Anhänger, eine vergoldete Silberkassette und der für 6000 Scudi von Annibale Fontana in Mailand erworbene Albertinische Kasten, eine Kassette aus Ebenholz mit eingelassenen Flächen aus geschnittenem Bergkristall.

Steinschneidearbeiten aus Bergkristall wurden damals in höchster Vollendung in Mailand gefertigt, nicht nur in der Werkstatt Fontanas, sondern auch von den Gebrüdern Saracchi. Die Münchner Schatzkammer besitzt über fünfzig Objekte aus diesem Material, die letzten wurden noch in der Zeit um 1700 angeschafft. Albrecht V. hat sich eine Zeitlang mit dem Gedanken getragen, in München selbst eine Werkstatt einzurichten, um solche Steinschnitte herstellen lassen zu können. Quarzsteine in der Größe, wie man sie dafür benötigt, konnte man damals noch in den Alpen finden. Zu dieser

Der Kristallschrein Albrechts V. in der Schatzkammer der Münchner Residenz, angefertigt von Annibale Fontana in Mailand.

Münchner Kristallmühle ist es wohl mangels eines geeigneten Meisters nicht gekommen. Einen anderen Plan hat der Herzog jedoch in die Tat umgesetzt: den Bau eines eigenen Museums für seine Kunstschätze.

Eigene Kunstkammern, Kunstkabinette und Studios zur Aufbewahrung und Ausstellung von Kleinodien und Kunstwerken gab es damals innerhalb Europas nur an den Fürstenhöfen Italiens. Für München war ein solcher Bau etwas Außergewöhnliches, Extravagantes, das den Herzog aus dem Kreis seiner Standesgenossen heraushebt. Der Bau steht noch. Im 19. Jahrhundert wurde dort die Staatliche Münze eingerichtet, inzwischen hat das Bayerische Landesamt für Denkmalpflege den Bau bezogen. Von großem Reiz ist der zweigeschossige Arkadenhof, schwere deutsche Renaissance von der Hand des

Hofmaurermeisters Wilhelm Egkl. Marmorsäulen im Erdgeschoß geben noch eine Ahnung von der einstigen höfischen Bestimmung. Zu ebener Erde waren damals die Pferde untergebracht. Im ersten Stock des vierflügeligen Baues aber waren die Räume für das Museum.

Wir müssen uns dieses Museum allerdings ganz anders vorstellen als heutige Museen. Das war für unsere heutigen Begriffe mehr ein Raritätenkabinett und eine Kuriositätensammlung als eine Kunstsammlung. Im »Museum« wurde alles versammelt, was den Menschen merkwürdig, kostbar und vorzeigenswert erschien: ausgestopfte Tiere, getrocknete Früchte, Proben von Bodenschätzen, Werkzeuge, Porträts von Riesen und Zwergen, von Mißgeburten, Abnormitäten der Natur, Waffen und Kleider aus außereuropäischen Ländern, Porträts berühmter Persönlichkeiten und daneben Tapetenmuster. Von besonderem Interesse waren seltene Gegenstände aus anderen Erdteilen: Straußeneier und seltene Nüsse, Korallen, Haifischzähne und Narwalzähne sowie Bezoare, das sind Magensteine des Kamels, die oft außergewöhnlich kostbar gefaßt wurden. Auch Landkarten waren museumswürdig sowie Globen, die erstmals eine anschauliche Vorstellung von der Erdkugel und den neu entdeckten Kontinenten jenseits des Ozeans boten. Bayern hatte damals, in der zweiten Hälfte des 16. Jahrhunderts, den führenden deutschen Geographen und Mathematiker an seiner Universität Ingolstadt, Philipp Apian, der mit seinen Bayerischen Landtafeln 1566 erstmals genau vermessene Landkarten des Herzogtums anfertigte. Man muß sich vergegenwärtigen,

Das Antiquarium in der Münchner Residenz.

daß die Menschen bis dahin auf Landkarten angewiesen waren, die noch aus der Römerzeit stammten.

Außer den genannten Kuriositäten, Kostbarkeiten und wissenschaftlichen Produkten sammelte der Herzog noch mit besonderer Vorliebe Münzen und Skulpturen der Antike. Er wurde damit zum Begründer der Staatlichen Münzsammlung in München und zum ersten Sammler antiker Kunstwerke im Hause Wittelsbach.

Die Idee, antike Skulpturen zu sammeln, kam aus Rom. Dort gab es schon seit hundert Jahren das Capitolinische Museum, und um das Jahr 1500 hatte Papst Julius II. außerdem den Cortile des Belvedere als Antikenmuseum einrichten lassen. Den römischen Adligen dienten die griechischen und römischen Plastiken als Schmuck an ihren Palästen. Der Bedarf war so groß, daß er mit Originalen nicht befriedigt werden konnte, obwohl soviel ausgegraben wurde. Deshalb muß Albrecht V. ständig auf der Hut sein, daß ihm nicht Fälschungen untergeschoben werden. Er besteht auf echten Altertümern, und betont, daß er lieber einen antiken Kopf ohne Ohren und ohne Nase haben wolle als eine Kopie, und sei sie noch so gut gemacht. Das Geld, das man für Kopien ausgibt, hält er mit Recht für hinausgeworfen.

Trotz aller Vorsicht und allen Mißtrauens hat der Herzog aber doch auch immer wieder Fälschungen gekauft, und so stammen nicht alle Büsten, die er erworben und in einem eigenen Saal hat aufstellen lassen, wirklich aus der Antike. Trotzdem hat die Antikensammlung Albrechts V. etwas außergewöhnlich Imponierendes wegen ihrer Geschlossenheit, die in dem für sie errichteten Antiquarium der Münchner Residenz zu großer Wirkung kommt. Das Antiquarium war im 16. Jahrhundert der größte Saalbau Europas, mit der frei gewölbten Tonne eine bautechnische Leistung ersten Ranges. Baumeister war, wie auch bei dem Museumsbau, der heutigen Münze, der Hofmaurermeister Wilhelm Egkl. Der Nachfolger Albrechts V., Herzog Wilhelm V., hat das Antiquarium dann zu einem Festsaal umgestalten lassen. Der Boden wurde tiefer gelegt, dadurch entstand ein höherer Raum, der an den Stirnseiten durch Emporen akzentuiert wurde. Außerdem ließ Wilhelm V. die Wände und das Gewölbe mit Fresken ausmalen, darunter in Medaillons Ansichten bayerischer Städte und Märkte von Hans Donauer, die mit zu den frühesten bildlichen Darstellungen des Landes gehören.

Lebensfreude und Gottesfurcht

Hofhaltung in Landshut

Die Burg Trausnitz über Landshut war vor vierhundert Jahren der Schauplatz einer jungen Ehe. Zwei Menschen haben da ihr Glück genossen, bis sie ein seelischer und finanzieller Zusammenbruch jäh aus ihren Träumen gerissen hat. Die jungen Eheleute waren der bayerische Thronfolger Erbprinz Wilhelm (er nennt sich später Wilhelm V.) und seine Frau Renata, auch Renée genannt, aus Nancy, eine Tochter des Herzogs von Lothringen. Den beiden hatte der Vater des Bräutigams, Herzog Albrecht V., 1568 in München eine in ganz Europa beachtete, glanzvolle Hochzeit ausgerichtet, und dann war ihnen die Burg über Landshut als Wohnsitz zugewiesen worden. Dort sollten sie eine angemessen würdige, aber bescheidene Hofhaltung einrichten.

Das hatte sich der regierende Herzog so gedacht; er hat die Rechnung aber ohne die jungen Leute gemacht. Immerhin waren ihnen 125 Personen für ihren Hofstaat bewilligt worden. Nach drei Jahren war der Hof aber schon auf über 200 Mitglieder angewachsen und entsprechend stiegen die Ausgaben an. Da gab es einen französischen Koch und daneben einen eigenen Pastetenkoch, ungarische Stallknechte und italienische Eseltreiber, spanische und französische Schneider, französische und italienische Fechtmeister. Und, was besonders ins Geld lief, zahlreiche Musiker. Der Erbprinz hatte selbst singen und Laute spielen gelernt und konnte Orgel spielen. Der Vater hatte ihm eine kleine Kapelle bewilligt und von seiner Hofkapelle in München sieben Sänger und sechs Singknaben abgezweigt, Mitglieder der berühmten Kapelle des Orlando di Lasso. Das hat dem Prinzen Wilhelm aber nicht genügt. Unablässig läßt er in Italien nach Harfenschlägern, Tenören und Bassisten, Lautenschlägern, Violaspielern und Organisten suchen und sie für viel Geld engagieren. Diese Liebe zur Musik hat dem Erbprinzen Wilhelm die Freundschaft Orlando di Lassos eingetragen, der immer, wenn er sich in München bei Albrecht V. freimachen konnte, nach Landshut gekommen ist, um mit den jungen Herrschaften zu musizieren. Daher sind viele seiner Madrigale, Chansons und Lieder zum ersten Mal in den Räumen der Trausnitz über Landshut erklungen.

Zwischen dem Herzog und der Herzogin und dem niederländischen Musiker scheint ein Ton geherrscht zu haben, über dessen Freizügigkeit man heute nur den Kopf schütteln kann. Vergleichsweise harmlos wirkt es da schon, wenn Orlando di Lasso dem Herzog nach einer Theateraufführung schreibt: »Wir haben fast in die Hosen gemacht, so haben wir lachen müssen!« Die Rede ist von italienischen Wanderschauspielern, die damals am Hof des Erbprinzen in Landshut engagiert waren. Zum ersten Mal sind solche Komödianten der Commedia dell' arte bei der Hochzeit Wilhelms und Renatas 1568 in München aufgetreten. Später wurden sie dann auf die Trausnitz gerufen. Im Treppenhaus der Burg hat sie Alessandro Scalzi, der auch Padovano heißt, nach Entwürfen von Friedrich Sustris gemalt, lebensgroß und voller drastischer Charakteristik: den Zanni, den komischen Diener, der zum Vorläufer des Hanswurst und des Kasperl wurde, den Pantalone, den betrogenen Alten, den Dottore, den aufgeblasenen Gelehrten, den Capitano, den aufschneiderischen Soldaten.

Ständchen am Fenster der Geliebten. Szene aus dem Freskenzyklus der Narrentreppe auf der Burg Trausnitz in Landshut.

Ein festes Personal mit festen Eigenschaften in immer wechselnden Rollen in Rüpelszenen, Bettvorhanggeschichten und komischen Verwechslungen. Entscheidend war, daß die Theaterleute ihre Zuschauer zum Lachen brachten. »Ich bitt Euer Gnaden zu halten, damit ich nicht absacke oder mir in die Hosen kacke«, schreibt Orlando di Lasso an den Erbprinzen, – nur ein Beispiel für die ausgelassene Stimmung, die damals auf der Trausnitz herrschte.

Den äußeren Rahmen für dieses heitere Leben sollten die Bauten abgeben, die der Erbprinz errichten ließ. Ein italienischer Anbau mit üppig stukkierten intimen Räumen, ein Gartenpavillon, der durch die Umwandlung eines ehemaligen Wasserturms gewonnen wurde, und die dem Burginnern vorgesetzten Arkaden, die dem alten Gemäuer einen Hauch italienischer Heiterkeit verleihen. Alles Arbeiten des von dem Erbprinzen in Dienst genommenen Friedrich Sustris, eines in Italien geborenen und bei Vasari geschulten Niederländers. Fertig geworden ist das allermeiste aber erst gegen 1579, als Wilhelm V. nach dem Tod seines Vaters Albrecht V. aus dieser Welt des schönen Scheins herausgerissen und zur Übernahme der Regierung nach München gerufen wurde.

Die letzte Zeit war überdies belastet durch den finanziellen Zusammenbruch, dem sich der Erbprinz eines Tages gegenübersah. Die Schulden waren in den elf Jahren, die der Landshuter Aufenthalt gedauert hat, auf 250000 Gulden angewachsen, nach heutiger Rechnung ein Defizit in Höhe vieler Millionen. Besonders schlimm dabei war, daß Albrecht V. sich weigerte, auch nur einen Gulden davon zu übernehmen. Ihm waren seine eigenen Schulden schon über den Kopf gewachsen. So muß der Erbprinz nach Anleihen suchen, in Florenz und in Augsburg, um mühsam und kurzfristig Löcher zu stopfen, ständig von Gläubigern bedrängt. Die Folge ist eine schwere Nervenkrise, eine Krankheit auf den Tod, die den Erbprinzen verändert hat. Ernst, fromm und pflichtbewußt stellt er sich den Aufgaben, die auf ihn als den neuen Regenten Bayerns warten.

St. Michael und der Kölner Krieg

Die Frömmigkeit, die man Wilhelm V. nachsagt, verdeckt manchmal die Tatsache, daß dieser bayerische Herzog ein außergewöhnlich energischer Fürst war, wenn es um die politische Stellung des Katholizismus im Reich ging. Wilhelm V. hat entschlossen eingegriffen, als Gefahr drohte, daß die katholische Partei im Reich mit dem Erzstift Köln eine ihrer Hauptstützen verlieren würde. Der Anlaß dazu war die Absicht des Kölner Fürsterzbischofs Gebhard Truchseß von Waldburg, seine Geliebte Anna von Mansfeld zu heiraten, was nur möglich war, wenn er zum protestantischen Glauben übertrat. Nach dem Grundsatz aber, daß das Bekenntnis der Untertanen dem des Fürsten zu folgen habe, wäre damit das Erzstift protestantisch geworden. Als wichtigste Folge davon wäre die katholische Mehrheit im Kurfürstenkollegium und die Wahl eines katholischen Kaisers in Frage gestellt gewesen. Wilhelm V. hat im sogenannten Kölner Krieg die Absicht des Kölner Erzbischofs vereitelt: Bayerische Truppen unter dem Oberbefehl des Herzogs Ferdinand, eines Bruders Wilhelms V., haben damals die Festung Godesberg erstürmt und den Kölner Kirchenfürsten zur Kapitulation und zur Flucht gezwungen. Den vakant gewordenen Fürsterzbischofsstuhl von Köln besetzt daraufhin 1583 ein Wittelsbacher, ein Bruder Wilhelms V., Kurfürst und Erzbischof Ernst. Mit ihm beginnt die von da an zweihundert Jahre dauernde Herrschaft von Mitgliedern des Hauses Bayern im Nordwesten des Reichs, im Fürsterzbistum Köln und in den Fürstbistümern Lüttich, Münster, Paderborn, Hildesheim und Osnabrück.

Wilhelm V. ist sich bewußt, daß er den Besitzstand der katholischen Partei im Reich erfolgreich verteidigt und überdies seinem Haus am Rhein eine neue strategische Position er-

Die Michaelskirche in München.

obert hat. Ein Ausdruck dieses Erfolgsgefühls ist der 1583 in Angriff genommene Bau der St. Michaelskirche in München. Die Wahl des Erzengels, der als Führer der himmlischen Heerscharen und als Beschützer der christlichen Heere gilt, zum Kirchenpatron muß dabei vor dem Hintergrund des Kölner Kriegs als ganz konkretes Programm verstanden werden. Darüber hinaus vermittelt die Fassade der Kirche einen Eindruck von der hohen Meinung, die Wilhelm V. von sich und seiner Familie hatte. Der Herzog hat selbst angeordnet, daß in die Nischen Standbilder von Karl dem Großen und von den ersten bayerischen Herzögen aus dem Haus der Agilolfinger aufgenommen werden sollen. Er wollte damit auf den Zusammenhang seines Hauses mit den Karolingern und damit den römischen Imperatoren verweisen, den Historiker damals als für gegeben erklärten, und außerdem sollte das Haus Wittelsbach seine Abstammung von den frühen Stammesherzögen anschaulich machen, die ebenfalls von den Historikern der damaligen Zeit behauptet wurde. Ein großer Anspruch und der Glaube an eine tausendjährige kontinuierliche Herrschaft in Bayern ist von dieser Fassade abzulesen.

Die Michaelskirche in München galt am Ende des 16. Jahrhunderts als bautechnische Leistung erster Ordnung. Eine Tonne in 28 Metern Höhe mit 20 Meter Spannweite frei zu wölben, ganz ohne Pfeiler, wie sie noch die gotischen Kirchen haben, das war auf deutschem Boden eine Pioniertat. Der Architekt Friedrich Sustris, der schon in Landshut für den Herzog tätig war und dem nun das gesamte Hofbauwesen unterstellt wurde, hat auf diese Weise einen durchlichteten, einheitlichen Raum von monumentaler Größe gewonnen, an dessen Schema sich dann die gesamte süddeutsche Kirchenbaukunst des Barock orientiert.

Kriegführen war nur ein Mittel Wilhelms V., seinen Willen durchzusetzen. Ein anderes, auf Dauer wichtigeres, war

Herzog Wilhelm V. (1548–1626). Porträtbüste von Hubert Gerhard.

die Heranbildung einer im katholischen Geist erzogenen Generation von Staatsbeamten und Geistlichen. Dazu hatte schon Wilhelms Vater, Herzog Albrecht V., Jesuiten nach Bayern berufen, Angehörige dieses damals modernen Ordens, der sich die Bekämpfung der »Häretiker« zur Aufgabe gemacht hatte. Die »Häretiker« waren um diese Zeit die Protestanten. Den Jesuiten, die unter Wilhelm V. weit zahlreicher ins Land kommen, läßt der Herzog nun neben der Michaelskirche ein Kolleggebäude bauen, einen eindrucksvollen Renaissancebau, mehr Palast als Ordenshaus. Der »bayerische Escorial« heißt es bei den Zeitgenossen. Der Herzog wollte mit diesem Kollegium ebenso wie mit der Michaelskirche deutliche Zeichen setzen. Im Reich, in ganz Europa sollte man sehen, daß die katholische Partei nach den schweren Erschütterungen durch die Reformation ihr Selbstbewußtsein wieder gefunden hatte. Der Bau des Jesuitenklosters in München hat damals so gewirkt, als wenn ein kommunistischer Staat des 20. Jahrhunderts eine marxistische Universität errichtet, eine »Kaderschmiede«.

Die ursprünglich aus Spanien kommenden Jesuiten haben aus ihrer Heimat und aus Italien neue Frömmigkeitsformen mitgebracht. Geistliche Schauspiele von großer Aufwendigkeit, die Weihnachtskrippen, die einen Anziehungspunkt zum Kirchenbesuch bedeutet haben, und als eine Belebung älterer, niederländischer Tradition die festliche Fronleichnamsprozession. Diese Prozessionen mit dem Allerheiligsten unter dem Baldachin, mit Musik und Böllerschüssen, wehenden Prangerfahnen und festlichem Birkengrün an den Straßenrändern, die noch heute zu den Höhepunkten des katholischen Kirchenjahrs gehören, waren damals Demonstrationszüge für den alten Glauben.

Wenn es um den katholischen Glauben ging, dann war Herzog Wilhelm V. nichts zu teuer und nichts zu großartig. Für seine persönlichen Bedürfnisse hat er sich im Vergleich dazu in seinen Mannesjahren und im Alter mit bescheidenem Aufwand begnügt. Das wenige allerdings, was er für sich hat ins Werk setzen lassen, zeigt, daß er ein großer Kenner der Kunst seiner Zeit war. Er hat sich einen Stab von Künstlern an seinen Hof geholt, die alle durch die Schule der großen Meister des Jahrhunderts gegangen waren, ihr Können aus Florenz bezogen haben, von Giovanni da Bologna, von Bartolomeo Ammanati, von Vasari, von Tizian und von Tintoretto aus Venedig. Da war der Bildhauer Hubert Gerhard, ein Schüler Gianbolognas. Sein Perseusbrunnen steht im Grottenhof der Münchner Residenz. Der jugendliche Held, der dem mythologischen Ungeheuer Medusa das Haupt abschlägt, ist eine Anspielung auf den bayerischen Herzog, wie sie damals als Fürstenhuldigung beliebt war.

Die Grottenhof-Residenz

Der Grottenhof war der Mittelpunkt einer kleinen Residenz, die Wilhelm V. sich von seinem Hofbaumeister Friedrich Sustris hat bauen lassen, eine intime Vierflügelanlage mit südlich-mediterran anmutenden Arkaden an den Schmalseiten, künstlichen Grotten für den Sommeraufenthalt. Von dieser Residenz Wilhelms V. hat sich, außer den klassisch proportionierten Fassaden und einer Grotte, fast nichts erhalten. Das wenige, was auf uns gekommen ist, gibt aber doch einen starken Eindruck von der Noblesse und der Anmut, die dieser kleine Palast einmal gehabt haben muß.

Wilhelm V. hat groß von sich gedacht, und so hat er sich schon zu Lebzeiten ein Grabmal bestellt, ein Monument zum ewigen Andenken an seine Herrschaft und an das Herrscherpaar Wilhelm und Renata. Der Großherzog von Florenz hat ihm dafür ein Kruzifix von Giovanni da Bologna geschenkt, dem ersten Bildhauer des damaligen Europa. Eine kniende Magdalena ihm zu Füßen wurde bei Hans Reichel in Augsburg in Auftrag gegeben, ebenso ein lebensgroßer Weihwasserengel für die Stirnseite des Katafalks. Die Grabwächter an den vier Ecken und Löwen kamen aus der Werkstatt von Hubert Gerhard. Eines der großartigsten Monumente des 16. Jahrhunderts war beabsichtigt, ist aber in der geplanten Form nie verwirklicht worden. Der Sohn und Nachfolger, Maximilian I., hat nämlich anders entschieden. Ohne Rücksicht auf die Gefühle seines Vaters ließ er einen Teil der Figuren nach einem Entwurf von Hans Krumper zu einem Grabmal für Ludwig den Bayern in der Münchner Frauenkirche zusammenstellen. Die Kenntnis davon, wie das Grabmal für Wilhelm V. hätte aussehen sollen, verdanken wir der Ausstellung »Wittelsbach und Bayern« 1980 in der Münchner Residenz. Dort ist auf Grund archivalischer Überlieferung eine Rekonstruktion versucht worden.

Kurfürst Maximilian

Mit dem Herzog und späteren Kurfürsten Maximilian I. bekommt Bayern 1597 einen strengen Herrn. Er ist schon in jungen Jahren ganz anders, als sein Vater als junger Mensch war: voll Pflichtgefühl und ganz durchdrungen von religiösem Ernst. Ein Porträt aus der Werkstatt des Malers Hans von Aachen aus der Zeit des Regierungsantritts zeigt den jungen Fürsten im spanischen Kostüm und in einer manieriert gespreizten Haltung; Hinweis darauf, daß Spanien damals, um 1600, die führende europäische Großmacht war, tonangebend in der Politik und in der Mode. Maximilian kommt zur Regierung, weil sein Vater der Schulden nicht mehr Herr wird. Der Kölner Krieg, der Bau der Michaelskirche und des Jesuitenkollegs im Verein mit einer ungeordneten, nachlässigen Finanzverwaltung hatten Bayern an den Rand des Staatsbankrotts geführt. Das spornte den neuen Regenten zur äußersten Energie an. Innerhalb weniger Jahre hat er das Finanzwesen neu organisiert, die Schulden getilgt und einen beachtlichen Staatsschatz angelegt. Denn ein Staat ist, wie er meint, nur geachtet, wenn er bares Geld in genügender Menge hat.

Der Wittelsbacher Brunnen im Brunnenhof der Münchner Residenz mit Figuren von Hubert Gerhard. Auf dem Sockel Otto von Wittelsbach.

Unter Maximilian I. spielt Bayern ein halbes Jahrhundert lang die Rolle einer bestimmenden Macht in Europa. Das äußere Zeichen dieser Stellung ist der Neubau der sogenannten Maximilianeischen Residenz. Eine kleine Stadt für sich am Nordostrand der Stadt, mit großartigen Höfen. Einer davon, der Brunnenhof, birgt den Wittelsbacher Brunnen mit Bronzefiguren aus der Werkstatt von Hubert Gerhard, eine reiche Anlage mit Flußgöttern und einem Standbild des Otto von Wittelsbach auf hoher Säule.

München ist um die Wende vom 16. zum 17. Jahrhundert ein europäisches Zentrum der Erzgießerei. Zwei überragende Meister sind hier tätig: Hubert Gerhard und Hans Krumper. Von Hans Krumper, dem aus Weilheim stammenden Bildhauer, dessen Kunst von der Spätrenaissance zum Barock überleitet, stammt die Figur der Patrona Bavariae an der Straßenfront der neuen Residenz. Eine Hausmadonna am Palast des Fürsten, so wie jedes Bauern- und Bürgerhaus damals seine Hausmadonna hat: Maria, die Schutzfrau Bayerns.

Die Residenzfassade ist betont zurückhaltend. Gemalte Gliederungen, lange Reihen gleichförmiger hoher Fenster, zwei imposante Prunkportale mit schildhaltenden Löwen vermitteln einen Eindruck von Würde und unaufdringlicher Repräsentation. Der strenge Charakter setzt sich im Inneren fort, im weiten Geviert des Kaiserhofes, um den die Wohnräume und Staatsappartements angeordnet sind, die sogenannten Trierzimmer und Steinzimmer. Den künstlerisch bedeutenden und nach den Kriegszerstörungen am besten erhaltenen Schmuck dieser Räume bilden Gobelins, die Maximilian in einer damals in München gegründeten Manufaktur hat weben lassen. Die Entwürfe dazu stammen von Peter Candid, einem Niederländer aus Brügge, der durch die Schule von Giorgio Vasari in Florenz gegangen war. Die Serie der sogenannten Monatsteppiche schildert das alltägliche Leben der Menschen am Anfang des 17. Jahrhunderts vor dem Hintergrund bayerischer Städte und Landschaften.

Den Zugang zu den Staatsappartements bildet die Kaiserstiege, eine monumentale Treppenanlage mit dem Anspruch fürstlicher Repräsentation. Sie wurde nach den Kriegszerstörungen erst 1980 wieder der Öffentlichkeit zugänglich gemacht, ebenso wie der anschließende Kaisersaal, dessen Deckengemälde allerdings nicht mehr wiederhergestellt wurden. Die Einrichtung von »Kaiserstiegen«, »Kaisersälen« und

»Oktober«. Ausschnitt aus einem der Monatsteppiche, die nach Entwürfen von Peter Candid von Hans van der Biest in einer eigens dafür gegründeten Münchner Manufaktur gewebt wurden. Im Hintergrund die Burg Trausnitz.

Der Kaiserhof der Maximilianeischen Residenz in München.
Vedute von Mathias Diesel.

»Kaiserappartements« ist einerseits ein Bekenntnis zur Idee der übergeordneten politischen Form des Reichs und seines Oberhaupts, andererseits dienen diese Räume als angemessene Wohnung beim Aufenthalt des Kaisers, der bei Reisen zu Reichstagen und Krönungen in den am Wege liegenden

Schlössern und Abteien absteigt. Die Münchner Residenz gehört zu den ersten Bauten, in denen solche »Kaiserräume« in die Planung einbezogen werden; im 17. und 18. Jahrhundert werden sie bei allen Schloß- und Klosterbauten größerer reichsunmittelbarer Herrschaften üblich.

Entsprechend der Frömmigkeit des Bauherrn ist die Reiche Kapelle als das Herzstück der Maximilianeischen Residenz anzusehen, die »Geheime Kammerkapelle« mit ihren Stuckmarmorwänden, in die Tafeln aus farbiger Scagliola,

Tellus Bavariae, die bekrönende Figur auf dem Tempel des Münchner Hofgartens von Hubert Gerhard.

Steinintarsien, eingelegt sind, mit dem Reliefdekor der vergoldeten Stuckdecke und dem Altar aus Ebenholz und Silber.

Maximilian I. hat im Norden seines Residenzbaues auch einen neuen Hofgarten anlegen lassen, streng symmetrisch nach den Vorbildern italienischer Renaissancegärten. In der Mitte ein Tempel, bekrönt von der Bronzefigur einer Diana, der Göttin der Jagd, die gleichzeitig die Personifikation des Landes ist mit den Attributen, die auf die Quellen seines Reichtums hinweisen: eine um den Arm gelegte Hirschdecke mit dem Geweih als Sinnbild der Jagd und des Wildreichtums, zu ihren Füßen ein Salzfaß als Hinweis auf den Salzreichtum Bayerns, der damals die ergiebigste Staatseinnahme war, und als Drittes ein Weinfaß, das daran erinnert, daß damals in Bayern vor allem Wein und weniger Bier getrunken wurde. Das Original dieser außergewöhnlichen Skulptur von Hubert Gerhard ist inzwischen im Innern der Residenz geborgen. Auf dem Hofgartentempel steht eine Kopie.

Die Mariensäule

Der bayerische Herzog Maximilian war 1618 als Führer der katholischen Partei im Reich, der sogenannten »Liga«, in einen Krieg hineingezogen worden, der von da an dreißig Jahre lang sein Leben ausgefüllt hat. Der Krieg war entstanden, weil ein Vetter Maximilians, Kurfürst Friedrich V. von der Pfalz, an die Spitze der böhmischen Protestanten getreten war, die sich gegen die Herrschaft der Habsburger in Böhmen erhoben hatten. Der bayerische Herzog ist damals an die Seite des Kaisers getreten, des Habsburgers. Er hat ein Heer nach Böhmen geführt und die böhmischen Truppen in der Schlacht am Weißen Berg, vor Prag, geschlagen. Friedrich V., der Winterkönig, wie er genannt wird, weil er nur einen Winter lang als König von Böhmen regiert hat, mußte fliehen. Er hat seine Länder verloren, und ihm wurde die Kurwürde aberkannt. 1623 hat der Kaiser diese pfälzische Kurwürde dem bayerischen Herzog übertragen. So ist aus dem Herzogtum Bayern ein Kurfürstentum geworden und aus dem Herzog Maximilian der Kurfürst Maximilian.

Im ersten Jahrzehnt des Dreißigjährigen Krieges lagen die Kriegsschauplätze vornehmlich in der Pfalz und im Norden Deutschlands. 1632 aber dringen die Schweden erstmals nach

Süddeutschland vor und erobern Augsburg, Landshut und München. Das Land erlebt die Schrecken des Krieges. In dieser Notzeit hat Kurfürst Maximilian das Gelübde getan, ein gottgefälliges Werk auszuführen, wenn die beiden bayerischen Residenzstädte München und Landshut vor dem Ruin gerettet würden. So ist die Mariensäule auf dem Münchner Marienplatz enstanden, der damals der Schrannenplatz war, der Umschlagplatz für den Getreide- und für den Salzhandel. Ein Monument wollte der Kurfürst errichtet haben, an weithin sichtbarer Stelle, zu Ehren der Gottesmutter, der Patrona Bavariae, der Schutzfrau Bayerns. Die Figur der auf einer Mondsichel stehenden, mit Krone und Szepter als Himmelskönigin ausgewiesenen Madonna stammt von Hubert Gerhard. Zur Einweihung des Monuments im November 1638 hat der Jesuit Jakob Balde, der bedeutende neulateinische Dichter, dieser Mariensäule eine Ode gewidmet:

Hier hat der Fürst ihr, der gelöbnißtreue,
aus Marmor aufgerichtet den Altar.
Aufragt die Säule zu des Himmels Bläue,
Wie kaum in Rom je eine schlanker war.
Und auf der Säule Blume steht das neue,
Goldblanke Bild mit aufgelöstem Haar.
Die Krone schmückt das Haupt, das milde, süße,
Und huldigend kost der Mond um ihre Füße.

Königliche Abenteuer

Das Heidelberger Schloß

In der Stauferzeit, in der großen Auseinandersetzung zwischen Kaiser und Papst im 12. und 13. Jahrhundert, haben sich die Wittelsbacher im allgemeinen an den Kaiser gehalten. Sie waren Parteigänger der Hohenstaufen. So kommt es, daß Otto von Wittelsbach von Kaiser Friedrich I. Barbarossa 1180 mit dem Herzogtum Bayern belehnt wird. Wenig später, 1214, überträgt Kaiser Friedrich II. den Wittelsbachern dazu auch noch die Würde von Pfalzgrafen bei Rhein. Anfänglich haben die Wittelsbacher Bayern und die Pfalz gemeinsam besessen und regiert. Unter Kaiser Ludwig dem Bayern ist es aber dann zu einer Teilung gekommen: zwei Linien gab es nun, die pfälzische und die bayerische, und zwei Hauptstädte, München und Heidelberg. In der Folgezeit wird aus der Burg Heidelberg, dem Mittelpunkt der pfälzischen Herrschaft, eine der großen Schloßanlagen Europas.

Zu Füßen des Heidelberger Schlosses, in der vom Wittelsbachischen Haus gestifteten Heilig-Geistkirche, ist die Grablege der Pfalzgrafen und Kurfürsten. Die Grabmonumente allerdings, die hier die Jahrhunderte überdauern sollten, sind mit einer Ausnahme alle verschwunden. Sie wurden von französischen Truppen im sogenannten Pfälzer Erbfolgekrieg 1693 auf brutale Weise zerstört. Nur eines der Denkmäler hat sich erhalten, das Hochgrab für Pfalzgraf Ru-

Das Grabmal für König Ruprecht und seine Gemahlin Elisabeth von Hohenzollern in der Heilig-Geistkirche in Heidelberg.

precht III. und seine Gemahlin Elisabeth von Hohenzollern. Dieser Pfalzgraf Ruprecht war einer der drei Wittelsbacher (neben Ludwig dem Bayern und Kurfürst Karl Albrecht), die zum deutschen König gewählt worden sind. Die Königswürde und die Kaiserkrone haben jedoch keinem Wittelsbacher Glück gebracht, auch nicht dem Pfalzgrafen Ruprecht. Er war 1400 nur von einem Teil der deutschen Fürsten gewählt worden, von denen, die mit dem regierenden König

Wenzel unzufrieden waren. So haben ihn die Anhänger Wenzels und auch der Papst als unrechtmäßigen König betrachtet. König Ruprecht hat nicht über die notwendige Hausmacht verfügt, um sich durchzusetzen, und so mußte er auf dem Italienzug, den er wie alle deutschen Könige unternommen hat, um sich zum Kaiser krönen zu lassen, eine schreckliche Demütigung hinnehmen: der Papst hat ihm die Krönung verweigert. Als das Königspaar nach seiner Rückkehr wieder in Heidelberg eingezogen ist, haben die Kinder auf den Straßen Spottlieder gesungen. Der Ruprechtsbau auf dem Heidelberger Schloß, links neben dem Torbau, wenn man den weitläufigen Hof betritt, erinnert an diesen Wittelsbacher.

Die Verbindung mit dem Hause Stuart

Im Innern des Ruprechtsbaus ist eine überlebensgroße Sandsteinskulptur von Sebastian Götz geborgen, die ursprünglich außen am Heidelberger Schloß aufgestellt war: Kurfürst Friedrich V. Dieser Wittelsbacher war ein lebenslustiger, freundlicher, gewinnender Mensch. Unter ihm hat das Heidelberger Schloß seinen größten Glanz entfaltet. Friedrich V. hat jung eine englische Prinzessin geheiratet, Elisabeth Stuart, eine Nichte der Maria Stuart. Mit ihr ist er, nachdem er sich in London 1613 mit ihr vermählt hatte, in einem großartigen Triumphzug zu Schiff den Rhein heraufgefahren, glücklichen Tagen entgegen. In London hatte der Pfälzer Fürst den damals in England führenden Gartenarchitekten Salomon de Caus kennengelernt. Den ließ Friedrich V. sofort nach Heidelberg kommen und einen großen Prachtgarten anlegen. Ein schwieriges Unternehmen, weil das Schloß ja an einen Steilhang gebaut ist. So waren ungeheure Erdaufschüttungen und Substruktionen notwendig, über die man heute noch staunt. Der Hortus palatinus, der auf diese Weise entstand, der pfalzgräfliche Garten, war damals, am Anfang des 17. Jahrhunderts, eine europäische Sehenswürdigkeit, ein neues Weltwunder. Ein Gemälde im Kurpfälzischen Museum in Heidelberg gibt einen Eindruck davon, wie dieser Lustgarten einmal ausgesehen hat, mit seinen geometrisch angelegten Bosketten, mit den Springbrunnen, Laubengängen und Gartenskulpturen. Die Überreste dieser Anlage, die inzwischen zum Teil den Charakter eines englischen Parks erhalten hat, lassen immer noch erkennen, wie großartig dieser Schloßgarten allein in seinen Dimensionen war, ein Vorläufer des europäischen Barockgartens.

Um seiner englischen Gemahlin eine Freude zu machen, hat der Kurfürst auf einen der Türme des Schlosses einen Theatersaal aufsetzen lassen. Er ist 1693 der Sprengung der Festungswerke durch die Franzosen zum Opfer gefallen. Geblieben sind nur Fensterhöhlungen, hinter denen einmal, am Anfang des 17. Jahrhunderts Shakespeares »Sturm« gespielt wurde. Das war damals ein modernes Theaterstück.

Den ehemaligen Privatgarten des kurfürstlichen Paares betritt man durch das Elisabethtor, eine elegante Renaissancearchitektur in rotem Sandstein. Auch dieses Tor war ein Zeichen der Liebe des jungen Wittelsbachers zu seiner Frau, errichtet 1615 zum 19. Geburtstag der Kurfürstin. Die Legende will wissen, daß das Tor als Überraschung innerhalb einer Nacht errichtet wurde. Das mag wohl etwas übertrieben sein. Das Glück des Pfälzer Kurfürsten und seiner jungen Frau wäre vollkommen und vielleicht auch von Dauer gewesen, hätten die beiden nicht jeder einen schweren Charakterfehler gehabt: Sie war zu ehrgeizig, und er war zu schwach. So haben sie sich dazu verleiten lassen, auf ein Angebot einzugehen,

Das Elisabethtor am Heidelberger Schloß.

das sie in kurzer Zeit ins größte Unglück gestürzt hat. Das kam so: So wie sein Vetter Herzog Maximilian von Bayern an der Spitze eines katholischen Bündnisses, der Liga, stand, war Kurfürst Friedrich V. der Führer der protestantischen »Union« im Reich. So fiel die Wahl auf ihn, als die protestantischen böhmischen Stände einen Kandidaten für den böhmischen Königsthron suchten. Die böhmischen Protestanten wollten sich von dem katholischen Habsburger Ferdinand, der schon 1617 zum König von Böhmen gewählt worden war, befreien. Die Absetzung eines rechtmäßig gewählten Königs war gegen alles Recht, und so trat Friedrich V., wenn er die Wahl annahm, in einen gefährlichen Gegensatz nicht nur zum Haus Habsburg, sondern auch zu dessen Verbündeten, zu Spanien, der katholischen Liga und dem Papst, die alle das Recht auf ihrer Seite wußten.

Friedrich, der Winterkönig

Friedrich V. hat lange gezögert und sich mit vielen beraten. Die Verlockung war groß, die Gefahr aber nicht minder. Den Ausschlag soll die Kurfürstin gegeben haben: Ihr Vater, der König von England, würde ihnen schon helfen. Und, Königin von Böhmen zu sein, das sei doch etwas anderes als nur Kurfürstin von der Pfalz. So hat Friedrich V. das Angebot schließlich angenommen. 1619 haben ihn die böhmischen Stände zu ihrem König gewählt. Er ist feierlich in Prag eingezogen und hat ein Jahr lang, bis zum Herbst 1620, auf dem Hradschin residiert. Dann ist das Verhängnis über ihn hereingebrochen.

Kaiser Ferdinand II., der sich um die böhmische Krone gebracht sah, hat die Reichsacht über Friedrich verhängt. Die katholische Liga hat die Exekution übernommen. Maximilian von Bayern ist mit einem Heer gegen Prag vorgerückt, und innerhalb weniger Stunden war dort alles entschieden. Die böhmischen Truppen wurden geschlagen. Das war die Schlacht am Weißen Berg, bei der sich die Truppen der Liga mit dem Ruf »Jesus, Maria« in den Kampf gestürzt haben sollen.

König Friedrich, der Winterkönig, wie er genannt wird, weil er nur einen Winter lang regiert hat, und die Königin mußten fliehen. Sie sind als Flüchtlinge durch Europa geirrt, bis sie in Holland ein Exil gefunden haben. Ihre Länder, die Pfalz und Böhmen, waren besetzt, sie selbst aller Rechte für verlustig erklärt. Mit einem Unterhaltszuschuß vom Londoner Hof und von Lord William Graven, einem Freund der entthronten Königin Elisabeth, haben sie ihr Leben gefristet, dreißig Jahre lang. Der verbannte Kurfürst hat unentwegt versucht, wieder in seine Rechte eingesetzt zu werden. Er hat

Die Pfalzgrafen Karl Ludwig (rechts) und Ruprecht, 1637 in London von Anthonis van Dyck gemalt. Die Prinzen waren Söhne des geächteten Kurfürsten Friedrich V. Karl Ludwig erhielt 1648 die Kurpfalz zurück.

sich dem Heer Gustav Adolfs angeschlossen, in der Hoffnung, das Schicksal zu wenden. Darüber ist er gestorben. Erst sein Sohn Karl Ludwig hat nach dem Friedensschluß von Münster und Osnabrück die Pfalz und die Kurwürde zurückerhalten. Er hatte sich in jungen Jahren nach London begeben, um König Karl I., seinen Onkel, für die pfälzische Sache zu gewinnen, jedoch ohne Erfolg. Dem Londoner Aufenthalt verdankt man aber das großartige Doppelporträt Karl Ludwigs und seines Bruders Ruprecht, das van Dyck von den beiden Wittelsbacher Prinzen gemalt hat und das sich jetzt im Louvre in Paris befindet.

König Friedrich von Böhmen (1596–1632) und Königin Elisabeth reiten in ihrem holländischen Exil zur Jagd aus. Gemälde von Adriaen van de Venne.

Die glänzende Hofhaltung im Haag und dann, seit 1628, in dem von Friedrich erbauten Schloß Rhenen in Geldern konnte nicht über die politische Ohnmacht hinwegtäuschen. Wie das geächtete Paar versucht hat, seine fürstliche Stellung wenigstens äußerlich aufrechtzuhalten, davon gibt das Bild von Adriaen van de Venne im Amsterdamer Rijksmuseum eine Vorstellung, das Friedrich und Elisabeth in prächtiger Kostümierung zeigt, wie sie zur Jagd ausreiten.

Die Pfälzer Könige von Schweden

Zur gleichen Zeit, als der pfälzische Kurfürst Karl Ludwig wieder in seine Rechte eingesetzt wurde und nach Heidelberg zurückkehren konnte, gewann auch ein anderer Wittelsbacher einen Thron. 1654 wird Pfalzgraf Karl Gustav von Kleeburg König von Schweden. Damit beginnt eine drei Generationen währende Herrschaft von Wittelsbacher Königen in Schweden. Die Kleeburger waren eine kleine, unbedeutende Nebenlinie des pfälzischen Hauses. Das Weinbauerndorf Kleeburg am Rand der Vogesen, im nördlichen Elsaß, und ein weiteres Dorf waren ihr ganzer Besitz. Von da aus hat der Vater Karl Gustavs, Pfalzgraf Johann Kasimir, sich in schwedische Dienste begeben und im Zuge seiner Karriere 1615 Katharina, die Schwester von König Gustav Adolf geheiratet. Als dann Gustav Adolfs Tochter und Nachfolgerin, Königin Christine, 1654 öffentlich zum katholischen Glauben übergetreten ist und auf den Thron verzichtet hat, schlug sie ihren pfälzischen Vetter Karl Gustav, der bereits in Schweden erzogen worden war, als ihren Nachfolger vor. Der schwedische Reichstag hat diese Regelung bestätigt.

Schweden war damals, am Ende des Dreißigjährigen Krieges, die Hauptmacht der Protestanten in Europa, die vorherrschende Macht in der Ostsee und insgesamt eine der europäischen Großmächte. Die schwedische Flotte hat die Ostsee beherrscht. Der Staat umfaßte ja damals außer dem heutigen Schweden auch Finnland, die baltischen Länder Estland und Livland, Teile von Pommern und das Hochstift Bremen.

Schwedische Truppen sind damals im Dreißigjährigen Krieg nach Süddeutschland, in die Pfalz und nach Böhmen vorgerückt, haben München und Prag erobert und dabei ausgiebig Kriegsbeute gemacht. So kommt es, daß ein Teil der

Bronzefiguren im Park von Schloß Drottningholm vor Stockholm aus dem Garten des kaiserlichen Generals Wallenstein in Prag stammt. Dieses Schloß Drottningholm, erbaut als Witwensitz für Königin Hedwig Eleonore, die Frau des ersten Pfälzers auf schwedischem Thron, ist ganz dem Andenken an König Karl X. Gustav gewidmet. Dieser Wittelsbacher war 32 Jahre alt, als er König von Schweden wurde. Ein beleibter Herr, energisch und hausväterlich. Er hat sich mit einer Verwaltungs- und einer Finanzreform gut eingeführt. Ein guter Hausvater, denkt man im übrigen Europa. Aber schon ein Jahr nach seiner Thronbesteigung, 1655, läßt er seine schwedische Armee in Polen bis nach Krakau vordringen. In der Galerie von Schloß Drottningholm ist dieser Feldzug verewigt.

Der polnische Feldzug war die Antwort auf die Versuche der anderen Anrainerstaaten an der Ostsee, Schwedens Vormachtstellung zu bedrohen. Da war Dänemark, das die Durchfahrt zur Nordsee, den großen und den kleinen Belt, kontrollieren wollte, nicht zuletzt wegen der Zölle. Dann Preußen, das sich nicht damit abfinden konnte, daß Schweden das vordere Pommern besetzt hatte; Polen, das ein Auge auf die baltischen Länder gerichtet hielt, und schließlich das mit Polen verbündete Rußland.

Die großen Siege Karls X. in Polen waren nur ein Vorspiel. Denn als nun Dänemark Polen zu Hilfe kommt und ein Bündnis schließt, wendet sich der Schwedenkönig unverzüglich gegen Dänemark. Er greift das Land aber nicht von Schweden aus, von der offenen See an, sondern von Holstein aus. Er erobert Jütland. Um aber die dänische Hauptstadt anzugreifen, muß er trotzdem übers Meer, zuerst auf die Insel Fünen und dann über weitere Inseln nach Seeland. Karl X. entschließt sich, seine Truppen im Winter über die zugefrorene Ostsee zu führen und leitet damit eines der größten Abenteuer der

Entwurf für die Südfassade des Stadtschlosses von Stockholm
von Nicodemus Tessin d. J.

Kriegsgeschichte ein, allenfalls dem Alpenübergang Hannibals zu vergleichen. Die Eisdecke war brüchig, zeitweise hat es getaut. An manchen Stellen sind ganze Regimenter mitsamt den Pferden im Wasser versunken. Die Bilder in der Galerie von Schloß Drottningholm, auf denen dieses mörderische Unternehmen geschildert ist, wirken sehr harmlos im Vergleich zur tödlichen Wirklichkeit.

Dann aber standen die Schweden plötzlich vor Kopenhagen, und Dänemark mußte Frieden schließen. Karl X. hatte die Umklammerung Schwedens gesprengt. Noch im Feldlager, 1658, gibt er Befehl, in Stockholm mit dem Bau einer Schloßkirche, der Katharinenkirche, zu beginnen und ein neues Stadtschloß aufzuführen. Das war der Anfang zum Bau des Schlosses von Stockholm, das heute das Wahrzeichen der schwedischen Hauptstadt ist. Die Ausführung hat sich allerdings hingezogen. Karl X. ist bereits zwei Jahre später, 1660, gestorben, und erst seine Nachfolger haben den Plan in die Tat umgesetzt. Das am römischen Hochbarock und an der französischen Klassik orientierte Schloß ist geplant von Nicodemus Tessin dem Jüngeren. Gebaut haben es schwedische Soldaten aus Dalekarlien und Sörmland.

Das Bündnis der Krone mit den Bauern

Unter dem zweiten Wittelsbacher auf dem schwedischen Thron, König Karl XI., stand Schweden ganz unter dem Einfluß Frankreichs. Ludwig XIV. hat dem jungen Schwedenkönig die kostbarsten Geschenke gemacht, um ihn an sich zu binden, darunter außergewöhnlich prächtige Pferdegeschirre, die heute zu den hervorragendsten Objekten der königlichen Leibrüstkammer in Stockholm gehören. Der schwedische Hof war, wie alle Höfe Europas damals, ganz an Versailles orientiert. So kommt es, daß in dieser im Schloß untergebrachten Leibrüstkammer auch eine Prunkkarosse von der ganz gleichen Art steht, wie sie Ludwig XIV. von Frankreich benützt hat: reich geschnitzt und vergoldet, der Boden des Wageninnern kostbar eingelegt von dem damals in Europa führenden Kunstschreiner André Boulle.

Der junge Karl XI. wird als albern geschildert. Uninteressiert an den Geschäften, hat er die Zügel schleifen lassen. Er war mit sechzehn Jahren zur Regierung gekommen. Drei Jahre später, 1675, wurde er im Dom von Uppsala gekrönt. Auf dem Gemälde von David Klöcker Ehrenstrahl im Frühstückszimmer von Schloß Drottningholm, das die Zeremonie schildert, ist zu sehen, daß der König dabei auf dem in Augsburg angefertigten Silberthron der Königin Christine sitzt, der sich heute im Reichssaal des Schlosses von Stockholm befindet.

Im Jahr der Krönung, 1675, unterliegen die Schweden in der Schlacht von Fehrbellin dem Kurfürsten von Brandenburg. Diese Niederlage und die für Schweden damit verbundene Bedrohung, haben den jungen Mann in Stockholm aufgeweckt. Es heißt, er sei von dem Tag an wie verwandelt gewesen. Tatkräftig, energisch, mit der Reorganisation seiner Armee beschäftigt, und den Gängelungsversuchen Ludwigs XIV., der ihn in seine Interessen einspannen wollte, von jetzt an ganz unzugänglich.

Karl XI. ist den Schweden noch heute eine vertraute historische Erscheinung, weil er es gewagt hat, den großen schwedischen Adel zu enteignen, der sich als Konkurrenz der Krone etabliert hatte, und dafür den kleinen Adel und die Bauern zu Verbündeten des Königs zu machen. Ein Dokument ganz seltener Art in diesem Zusammenhang befindet

Die Galerie Karls XI. im Stadtschloß von Stockholm.

sich in Schloß Gripsholm am Ufer des Mälarsees. Ursprünglich eine Adelsburg aus dem 14. Jahrhundert, war es später und ist bis heute im Besitz der schwedischen Krone. Im Innern birgt Gripsholm die Schwedische Galerie, eine Sammlung von Porträts bedeutender Schweden und Schwedinnen. Und da hängt, zwischen lauter adeligen Herren und Damen, zwischen Generälen, Künstlern und Wissenschaftlern, das Porträt eines Bauern, Per Olsson, gemalt von Ehrenstrahl, dem Hofmaler des Königs. Dieser Per Olsson war der Vertreter und Sprecher des schwedischen Bauernstandes im Reichstag. Das ist für die damalige Zeit, wo die Bauern im übrigen Europa fast überall nur durch ihre Grundherren politisch vertreten waren, etwas ganz Außergewöhnliches. Schweden war am Ende des 17. Jahrhunderts, neben der Freigrafschaft Tirol, das einzige monarchisch regierte Land Europas, in dem der Bauernstand politisch neben den Adel getreten ist. Diese politische Stellung ist eine Erklärung dafür, daß die schwedischen Bauern generationenlang treu mit ihren Königen in den Krieg gezogen sind und geholfen haben, die schwedische Machtstellung zu halten.

Eine andere Ursache für die Rolle, die Schweden im 17. Jahrhundert in der europäischen Politik spielt und noch in den ersten Jahrzehnten des 18. Jahrhunderts, war die hochentwickelte schwedische Waffenproduktion. Schweden ist reich an Erzen, an Eisen und Kupfer. Diese Erzvorkommen wurden schon im 16. Jahrhundert mit der Hilfe des Kapitals holländischer Kaufleute ausgebeutet und verhüttet und im ganzen Land von tüchtigen schwedischen Schmieden verarbeitet. Schweden war seit den Zeiten Gustav Adolfs führend in der Waffentechnik und in der Qualität seiner Waffen. Gustav Adolf verdankte seine militärischen Erfolge unter anderem auch einer tragbaren Kanone. Sie konnte, von einigen Männern fortbewegt, überall rasch eingesetzt werden, im

Gegensatz zu den schweren Kalibern, die sonst üblich waren und für deren Fortbewegung man eine ganze Anzahl Pferde vorspannen mußte.

König Karl XII.

Das waren die Voraussetzungen, unter denen der letzte der Wittelsbacher Könige, Karl XII., einen Feldzug führte, der zehn Jahre gedauert hat und der Folgen hatte, die noch heute für das Schicksal Europas bestimmend sind.

Karl XII. war einer der merkwürdigsten Fürsten, die die Weltgeschichte hervorgebracht hat. Er war, wie sein Vater, jung zur Regierung gekommen, mit fünfzehn Jahren, und hat sich schon sehr bald einer Koalition von Feinden gegenübergesehen. Die alten Rivalen: Dänemark, Polen und Rußland. Die drei Mächte haben sich vorgestellt, daß sie mit dem jungen Mann in Stockholm ein leichtes Spiel haben würden. Der aber hat die Herausforderung angenommen und hat seinen Feinden das Fürchten gelehrt.

Zuerst schlägt Karl XII. Dänemark, so daß der Dänenkönig Frieden schließen muß. Dann segelt er mit seiner Armee nach Estland und schlägt bei Narwa, in der Nähe des heutigen Leningrad, eine fünffache russische Übermacht. Nachdem die Russen auf diese Weise ausgeschaltet sind, wenden sich die Schweden wieder, wie schon unter Karl X., gegen Polen. Sie marschieren bis nach Krakau, weit über tausend Kilometer. Kriegsziel ist, den polnischen König August den Starken abzusetzen. Karl XII. wollte reinen Tisch machen und den Gegner völlig ausschalten. Das war damals ein unerhörter Vorgang. Der polnische Reichstag hat einen neuen, den Schweden genehmen König wählen müssen: Stanislaus Leszinski. Inzwischen waren die schwedischen Truppen sechs Jahre lang ununterbrochen im Krieg. Im Generalsaal von Schloß Drottningholm sind die Wände tapeziert mit den Porträts der Offiziere des schwedischen Heeres, richtigen Haudegen im Silberkürass und dem Kyller, dem gelben Schurz aus Elchleder, wie ihn die Trabanten am Hof bei Festen noch in diesem Jahrhundert getragen haben. Die Porträts hat eine Schwester Karls XII. gesammelt. Trotz der großen Siege und politischen Erfolge war aber kein Ende des Krieges abzusehen. Inzwischen hatte sich nämlich Rußland wieder erholt, und der Zar Peter der Große hatte mit Hilfe deutscher Offiziere seine Armee reorganisiert. Er wich allerdings konsequent einer Schlacht aus. Zwei Jahre lang belauerten sich die schwedischen und die russischen Heere. Karl XII. zieht bis in die Ukraine, um die Russen zu fassen. Dort kommt es 1709 zur großen Schlacht von Poltawa und zur Katastrophe für die Schweden.

Die schwedische Armee erleidet das gleiche Schicksal wie nach ihr die Armee Napoleons und später die deutsche Armee im Zweiten Weltkrieg: Sie wird aufgerieben von der russischen Weite, demoralisiert von der Kälte. Der Zar führt 14 000 gefangene Schweden im Triumphzug durch Moskau.

Die schwedischen Gefangenen werden dazu eingesetzt an der Mündung der Newa in die Ostsee eine neue russische Hauptstadt zu bauen. Rußland kann sich jetzt, nachdem die Schweden ausgeschaltet sind, am Baltischen Meer festsetzen, und damit beginnt jenes Vordringen Rußlands gegen Westen, das sich in immer neuen Etappen bis zum Zweiten Weltkrieg, bis hin zum Eisernen Vorhang, fortsetzt. In Poltawa hatte sich entschieden, daß Rußland in Zukunft neben England, Frankreich, Österreich und Preußen eine der fünf europäischen Großmächte sein wird. Schweden scheidet aus dem Kreis der großen Mächte aus.

Zeitgenössischer Stich von der Ostfassade des während der Wittelsbacher Herrschaft entstandenen Stadtschlosses von Stockholm.

Karl XII. ist nach dieser Niederlage mit nur hundert Mann in die Türkei entkommen. Er hat dort, in einem kleinen Städtchen, als Flüchtling gelebt und mit wenig Erfolg versucht, den türkischen Sultan zum Krieg gegen Rußland zu bewegen. Im übrigen hat er von dieser äußersten Ecke im Südosten Europas aus sein schwedisches Reich regiert. Eine seiner Hauptbeschäftigungen war der Schloßbau von Stock-

holm, den er in allen Einzelheiten zu lenken und zu überwachen suchte. Unter Karl XII. hat die Südfront des Schlosses ihr entscheidendes Gepräge bekommen.

Nachdem Karl XII. in einer Reise von nur vierzehn Tagen, die er zum Teil in Gewaltritten hinter sich gebracht hat, nach Schweden zurückgekehrt war, verwickelte er das Land sofort wieder in einen neuen Krieg, diesmal gegen Norwegen. Er preßt aus seinem völlig ausgebluteten, verarmten Land noch einmal 20000 Soldaten und fällt damit im Nachbarland ein. Bei der Belagerung von Frederikshall 1718 ist er dann, 36

König Karl XII. von Schweden, gemalt von D. von Krafft.

Jahre alt, gefallen. Obwohl die Herrschaft dieses Wittelsbachers so unglücklich geendet hat, bewahren die Schweden sein Andenken als eine der großen Gestalten ihrer Geschichte. In der Leibrüstkammer im Schloß von Stockholm, wo auch das ausgestopfte Pferd steht, das Gustav Adolf in der Schlacht von Lützen geritten hat, wird der Uniformrock aufbewahrt, den Karl XII. an dem Tag getragen hat, an dem ihn die Kugel getroffen hat. Im Dreispitz ist der Einschuß zu sehen.

Karl XII. war eine Persönlichkeit, die nicht mehr in die neuere Zeit paßt. Er wirkt mehr wie eine Heldengestalt aus den nordischen Sagas als wie ein Mann des 18. Jahrhunderts. Ein König, der der Leidenschaft für den Kampf verfallen ist, ohne Rücksicht auf politische Klugheit. Das haben schon die Zeitgenossen so empfunden. Voltaire, einer der großen Schriftsteller der Zeit, sagt über diesen Wittelsbacher: »Er war nicht so sehr ein wirklich großer als ein außerordentlicher Mensch, und er mag wohl Bewunderung erregen, doch ist er nicht nachahmenswert.« Das ist ein Urteil, das auch auf einen Wittelsbacher zutrifft, der uns im nächsten Kapitel begegnen wird: Kurfürst Max Emanuel.

Die Jagd nach dem Königreich

Ferdinand Maria und Henriette Adelaide

Eines der schönsten Stadtpanoramen der Welt bietet München vom Monopteros aus, dem kleinen Tempel im Englischen Garten. Hineinkomponiert in das Grün des Parks und den blauen Himmel sind die Türme der Stadt, unter ihnen beherrschend das Ockergelb der Theatinerkirche. Die Entstehung dieser Kirche ist mit der Ehe des bayerischen Kurfürsten Ferdinand Maria und seiner italienischen Gemahlin Henriette Adelaide verbunden. Die beiden waren einander schon im Alter von vierzehn Jahren versprochen worden, wie das damals üblich war in Fürstenhäusern. Sie wurden miteinander verheiratet, ohne daß sie sich vorher gesehen hatten. Das war 1650, am Ende des Dreißigjährigen Krieges.

Am Münchner Hof hat damals, nach dem Tod des Kurfürsten Maximilian, eine schwermütige Stimmung geherrscht. Das Regiment führte die Kurfürstinwitwe Maria Anna. Die Residenz glich einem Kloster. Es wurde viel gebetet und das Leben verlief ganz nach den Vorschriften des spanischen Hofzeremoniells. Maria Anna war eine Habsburgerin.

Das war nicht das richtige Milieu für eine junge, lebenslustige Turinerin. Henriette Adelaide war umtriebig, temperamentvoll, imponierend in der Art ihres Auftretens und ehrgeizig. Alles schien darauf hinzudeuten, daß es Schwierigkeiten geben würde, zumal der Bräutigam ein langweiliger,

Kurfürst Ferdinand Maria und Kurfürstin Henriette Adelaide, 1666 gemalt von Sebastiano Bombelli.

schläfriger Melancholiker war, gutmütig aber temperamentlos. Ein Paar also, dem niemand eine glückliche Zukunft prophezeit hätte.

Aber siehe da: Die jungen Leute haben sich ausgezeichnet verstanden. Dem Ehemann, der sehr bald zur Regierung kam, hat es gefallen, daß seine Frau Leben ins Haus gebracht hat. Er hat sie bewundert: ihre Eleganz, ihre Gewandtheit, ihre Einfälle. Das waren Eigenschaften, die ihm abgingen. Die Frau ihrerseits war auch zufrieden, denn ihr Mann hat sie gewähren lassen. Sie konnte Opern arrangieren, Ballette inszenieren lassen, neue Zimmerfluchten einrichten. Die sogenannten Päpstlichen Zimmer in der Münchner Residenz sind ihr Werk. Für einen der Räume hat sie angeordnet, daß die Decke mit lauter Amoretten und Herzen bemalt werden soll. Das Herzkabinett. Da waren nun plötzlich Liebesengel in einem Haus, in dem bis dahin immer nur von Heiligen gesprochen worden war. Die Hektik, die mit der Kurfürstin Henriette Adelaide an den Münchner Hof gekommen ist, hatte allerdings einen sehr ernsten Hintergrund. Sie war ein dauernder Versuch, sich von einer großen Sorge abzulenken: Das Ehepaar konnte keine Kinder bekommen. Der Kurfürst und die Kurfürstin haben zehn Jahre lang mit dieser Sorge um den Fortbestand der Dynastie gelebt. Sie haben Wallfahrten unternommen und Bäder besucht. Die Kurfürstin hat sich aus Bad Heilbrunn bei Tölz das in solchen Fällen als besonders wirkungsvoll geltende Wasser in Fässern nach München transportieren lassen.

Schließlich tat Henriette Adelaide ein Gelübde. Sie versprach, eine große Kirche bauen zu lassen, wenn sie einen Sohn bekommen sollte. Und siehe da! 1662 war es endlich soweit: Eine gut verlaufene Schwangerschaft, eine glückliche Geburt, ein Sohn, ein Erbprinz, ein Nachfolger im Kurfürstenamt. Er wurde nach seinem Großvater Maximilian getauft, außerdem erhielt er noch den Namen Emanuel. Als Max Emanuel ist er in die Geschichte eingegangen. Eine außergewöhnliche, widersprüchliche Gestalt in der so bewegten Geschichte des Hauses Wittelsbach.

Unverzüglich nach der Geburt des Prinzen hat die Kurfürstin mit dem Bau der versprochenen Kirche beginnen lassen. Um die Ausführung hat es viel Streit gegeben. Die Kurfürstin war mit dem ersten Architekten Agostino Barelli nicht zufrieden. Sie hat ihn, wohl unter dem Einfluß ihres italienischen

Fassade der Theatinerkirche St. Kajetan in München.

Beichtvaters, hinausgeworfen und ihn durch Enrico Zucalli ersetzt. Ein Kirchenbau von solch außergewöhnlichen Dimensionen hat damals, kurz nach dem Dreißigjährigen Krieg, wirtschaftlich unendlich viel bedeutet. Da haben Hunderte von Menschen Arbeit und Verdienst gefunden. Der Bau war ein Zeichen für einen neuen Aufschwung.

Bis die Kirche fertig war, hat es hundert Jahre gedauert. Die Fassade stammt aus dem späten Rokoko, von 1765. Begonnen hat man den Bau aber schon 1663, also im Hochbarock. Den Geist dieser Zeit, der Mitte des 17. Jahrhunderts, zeigt das Innere: schwerer weißer Stuck, üppige Rosetten, Laubornamente und Fruchtgirlanden. Ein feierlicher, majestätischer und sehr sinnlicher Stil. Die Altarbilder bestellte die Kurfürstin in Venedig, eines bei Carlotto. Das war ein Deutscher, Karl Loth, der in Italien eine große Karriere gemacht hat. Sein Tod des Heiligen Andreas Avellinus ist groß gesehen, monumental wie der Stil der ganzen Kirche, virtuos und dramatisch. Wir sind in der Zeit, in der der Barock seinen Weg über die Alpen nimmt. In Salzburg und Passau werden die Dome neu gebaut. Im Kurfürstentum Bayern verbreitet sich der neue Stil von der Residenzstadt aus übers Land. Zur gleichen Zeit wie die Theatinerkirche entstehen die barocken, noch ungelenken Ausstattungen der Klosterkirchen von Benediktbeuern in Oberbayern und von Speinshart in der Oberpfalz. Der Hof hatte das Beispiel gegeben.

Der neue Stil schafft Inszenierungen mit Heiligen und mit Figuren der antiken Mythologie. In Schloß Nymphenburg, das der Kurfürst seiner Frau als Sommersitz geschenkt hatte, tummeln sich antike Götter in den Deckenmalereien. Die Fürsten meinen um diese Zeit, daß diese mythologischen Gestalten ihre Vorfahren gewesen sein müssen. Der Kurfürst läßt sich als Saturn malen, eine Anspielung auf sein melancholisches Gemüt, das wir heute depressiv nennen würden. Aber auch wenn das Kurfürstenpaar ohne die göttliche Einkleidung auftritt, erscheint es immer noch stilisiert genug, pompös, prunkvoll, in reichem Kostüm und feierlich gemessener Haltung, wie auf dem Doppelporträt von Sebastiano Bombelli. Ein anderes Familienbild zeigt die Kurfürstin als Diana mit der Mondsichel im Haar, in der Linken den Jagdspieß. Die Kinder sind als kleine Götter dargestellt, als Juno, als Flora, als Apoll. Im Zentrum dieses Gemäldes von Stefano Catani erscheint ein jugendlicher Herkules mit dem Löwenfell und dem antiken Brustpanzer. Er bekommt ein Schwert überreicht als Aufforderung zu künftigen großen Taten. Das Bild hat etwas Prophetisches, denn der Herkules ist Max Emanuel, der Erbprinz, der einmal ein großer Kriegsheld werden wird. Welches außergewöhnliche, ja, man muß sagen, atemberaubende Schicksal er allerdings einmal haben wird, das läßt das Bild nicht ahnen.

Der Blaue Kurfürst

Die Wittelsbacher haben ihre Herrschaft in Bayern und in der Pfalz über sieben Jahrhunderte lang gehalten. Eine lange Zeit, wenn man bedenkt, wie gefährdet jede Form von Macht ist. Einmal allerdings hat es so ausgesehen, als ob es mit dem Haus Wittelsbach in Bayern zu Ende ginge. Das war am Anfang des 18. Jahrhunderts unter dem Kurfürsten Max Emanuel. Dieser Fürst war eine ungewöhnliche, faszinierende Erscheinung, ehrgeizig bis zur Selbstvernichtung, immer auf der Jagd nach dem Unerreichbaren – und nach Frauen.

Ein frühes Zeugnis seiner Herrschaft ist das kleine Schloß Lustheim im Norden von München, in unmittelbarer Nachbarschaft von Schleißheim. 1680 ist Max Emanuel zur Regierung gekommen, gerade erst achtzehn Jahre alt. Vier Jahre später bereits fängt er zu bauen an. Der unmittelbare Anlaß war die Heirat mit der Kaisertochter Maria Antonia, 1685.

Das Jagdcasino Lustheim, das Kurfürst Max Emanuel (1662–1726) für seine Gemahlin, die Kaisertochter Antonia, bei Schleißheim bauen ließ.

Das Schloß war als Jagdschloß gedacht. Von Lustheim aus sind der Kurfürst und die Kurfürstin zur Falkenjagd und zur Hirschjagd geritten. Zwei überdimensionale Gemälde von Giovanni Battista Curlando im großen Festsaal des Schlosses zeigen das fürstliche Paar und die Hofgesellschaft in ihren reichgestickten Kostümen.

Lustheim beherbergt heute eine der größten Porzellansammlungen der Welt, die Meißen-Sammlung eines Industriellen aus unseren Tagen. Aus der Zeit von Max Emanuel stammen die Deckenfresken von Francesco Rosa. Was dieser Italiener hier geschaffen hat, war für die damalige Zeit sensationell: Er malte riesige Flächen auf den feuchten Putz. Bis dahin hat man Ölbilder an die Decken genagelt und dann gerahmt. Jetzt malt dieser Francesco Rosa aus Venedig nicht nur direkt auf die Decke, sondern auch gleich noch die Rahmungen dazu. Das wirkt ungemein großzügig und imposant im Vergleich zu der kleinteiligen Art der bisherigen Deckendekorationen. Auf diese Weise hat die barocke Deckenmalerei in Deutschland begonnen, die dann in unerhörter Weise von Tiepolo in der Würzburger Residenz zum Höhepunkt geführt wird.

In Lustheim hat Max Emanuel seinen Schwiegervater Kaiser Leopold empfangen und ihm dort ein großes Bankett gegeben. Er wollte als Schwiegersohn des Kaisers groß auftreten. Der ganze Glanz konnte allerdings nicht darüber hinwegtäuschen, daß seine Ehe mit der Habsburgerin alles andere als glücklich war. Ja, man kann sogar sagen, sie war ein Fiasko. Die junge Frau war nicht schön. Das lange Gesicht der Habsburger, ein flacher Busen ... Sie hat schreckliche Kränkungen hinnehmen müssen. Max Emanuel ist seine eigenen Wege gegangen. Sein erster Lebensinhalt, neben den Amouren, war der Krieg. Jahrelang ist er mit bayerischen Truppen jeden Sommer mit seiner Leibflottille auf der Donau nach Ungarn, in die Türkenfeldzüge gefahren. Er war mit seinem bayerischen Kontingent dabei, als Wien von der türkischen Belagerung befreit wurde. Damals hat es ja so ausgesehen, als ob die Türken nach Mitteleuropa vordringen würden. Dann aber kam der Gegenschlag. Die Türken wurden aus Ungarn vertrieben. Dabei hat sich Max Emanuel besonders ausgezeichnet, immer in der vordersten Linie, ein junger Draufgänger. Schließlich ist es ihm in einem tollkühnen Unternehmen gelungen, mit seinen Truppen Belgrad zu erobern. Da stand der bayerische Kurfürst plötzlich groß auf der europäischen Bühne: eine Berühmtheit, der Held einer ganzen Generation.

In München hat man damals türkische Beutestücke bewundern können. Das Prunkzelt des Großwesirs Süleiman

Das Audienzzelt des türkischen Großwesirs Süleiman, das Kurfürst Max Emanuel in der Schlacht von Mohacs 1687 erbeutet hat.

vor allem, das den bayerischen Soldaten 1687 in der Schlacht von Mohács in die Hände gefallen ist. Jetzt steht es im Bayerischen Armeemuseum in Ingolstadt. Ein Zelt aus Filz, mit roter Leinwand überzogen, reich ornamentiert. In Deutschland hat das damals großen Eindruck gemacht, mit welchem Luxus sich die Türken im Krieg umgeben haben.

Die Türken waren auch große Meister in der Metallbearbeitung und im Instrumentebau. Die Europäer haben türkische Instrumente damals nicht nur erbeutet, sondern auch in ihre eigene Militärkapelle übernommen. Die Metalltrompeten, die Posaunen, Schalmeien, Becken, Pauken, die großen Trommeln, die Kesselpauke, der Schellenbaum, das sind alles Instrumente, die von da an gebräuchlich werden. Außer in der Orchestermusik spielen sie noch heute eine große Rolle in der Militärmusik und bei den Blaskapellen.

Statthalter in Brüssel

Nach den Türkensiegen genügt Max Emanuel das kleine Schloß Lustheim nicht mehr. Er braucht jetzt einen größeren Rahmen, er will repräsentieren, wie ein Mächtiger unter Mächtigen auftreten. Vor seinem geistigen Auge entsteht eine königliche Residenz, ein bayerisches Versailles, Schloß Schleißheim. Für solche Ambitionen allerdings war Bayern zu klein. Das Land hatte nicht einmal ganz eine Million Einwohner, weniger Menschen als die Bevölkerung von München heute, wenig Handel und keine Industrie. So hat sich der bayerische Kurfürst nach einem größeren Wirkungsfeld umgesehen, versucht, sich in der europäischen Politik ins Spiel zu bringen. Die Möglichkeit dazu bot ihm der König von Spanien, der Onkel seiner Frau Maria Antonia. Madrid hatte die Statthalterschaft in den Spanischen Niederlanden zu vergeben; ein Teil der Niederlande, das heutige Belgien, war ja damals habsburgisch. Der bayerische Kurfürst als Statthalter in Brüssel: das war für beide Seiten vorteilhaft. Der spanische König gewann einen erprobten Truppenführer, der im Kampf gegen Frankreich einzusetzen war, und Max Emanuel hatte das größere Wirkungsfeld, das er sich ersehnte. Und, nicht zu vergessen: Die Niederlande waren reich.

Die Statthalterschaft Max Emanuels in den Niederlanden bringt eine der größten Bereicherungen für das Erbe, das die Wittelsbacher uns hinterlassen haben. Max Emanuel war ein großer Liebhaber der flämischen Malerei, und so kaufte er im Lauf seines Aufenthalts in Brüssel unzählige Bilder dieser Schule. Ein Zeitgenosse hat überliefert, daß der Kurfürst einmal binnen einer halben Stunde für 200 000 Franken Gemälde gekauft hat. Die Bilder waren zum Teil für die Große Galerie in Schleißheim bestimmt, das Max

Emanuel jetzt zu bauen begann. Natürlich waren unter diesen tausend Gemälden nicht lauter Meisterwerke, aber ein Fischzug ist dem bayerischen Kurfürsten dabei gelungen, der alles in den Schatten stellt, was ein Sammler jemals auf einen Schlag hat erwerben können. Das war der Kauf des Nachlasses von Peter Paul Rubens bei einem Verwandten des Malers, einem Kaufmann in Antwerpen. Der hatte über hundert Bilder in seinem Besitz, darunter solche, die einen ganz persönlichen Bezug zu Rubens haben. Max Emanuel hat zugegriffen und das Ganze en bloc erworben. Als Künstler hatte Rubens natürlich ein gutes Auge, und er hat jeweils nur das Beste für sich behalten und gesammelt. So sind drei Porträts der Hélène Fourment, der zweiten Frau des Malers, nach Bayern gekommen, Bilder, die zu den Höhen der europäischen Porträtkunst gehören. Unter den erworbenen Bildern befanden sich auch Porträts von van Dyck, dem Rubensschüler, und zahlreiche kleinformatige Bilder von Adrian Brouwer, dem großen Meister der Darstellung kleiner Leute in den damaligen Niederlanden. Auch Murillo war in der Rubenssammlung vertreten, einer der ersten Realisten der europäischen Kunst. Die Bedeutung der Alten Pinakothek als einer Gemäldegalerie von Weltrang beruht zum großen Teil auf diesen von Max Emanuel erworbenen Beständen. Ein Bild allerdings fehlt, eines der großartigsten, das der bayerische Kurfürst damals gekauft hat: das große Reiterporträt Karls I. von England, gemalt von seinem Hofmaler van Dyck. Das hängt inzwischen in der Nationalgalerie in London. Kaiser Leopold hat es als Kriegsbeute nach England gesandt, als Geschenk für den englischen Feldherrn John Churchill, der Max Emanuel 1704 in der Schlacht von Höchstädt besiegt hatte.

Die Spanische Erbschaft

Damit befinden wir uns mitten im Spanischen Erbfolgekrieg. Wir erinnern uns, daß Max Emanuel mit Maria Antonia, der Tochter von Kaiser Leopold verheiratet war, die als Nichte des kinderlosen spanischen Königs, eines Habsburgers, Erbansprüche auf das Spanische Weltreich hatte. Diese Erbaussichten waren das einzige, was Max Emanuel an seiner Frau interessiert hat. Der Gedanke hat ihn Tag und Nacht beschäftigt: Wie das wäre, wenn das Haus Wittelsbach die spanische Krone erwerben könnte? Dann wären die Wittelsbacher mit einem Schlag in die Reihe der bedeutendsten Dynastien Europas eingerückt. Ihr Herrschaftsgebiet hätte außer Bayern und der Pfalz die Grafschaften am Niederrhein, Jülich und Berg, Spanien, die spanischen Niederlande, Neapel, Sizilien, Mailand und den spanischen Kolonialbesitz in Südamerika umfaßt. Das war zum schwindlig werden. Dabei schien das Unglaubliche Wirklichkeit zu werden. Im Nationalarchiv von Madrid liegt die Urkunde, mit der König Karl II. seinen bayerischen Großneffen Joseph Ferdinand, den Sohn Max Emanuels, zum Universalerben eingesetzt hat. Das Testament trägt das Datum vom 11. November 1698.

Es gibt nur wenige Ereignisse in der Weltgeschichte, bei denen die größten Hoffnungen und die niederschmetterndste Enttäuschung, die glänzendsten Aussichten und das vollkommene Fiasko so nahe beieinander liegen wie bei dieser bayerischen Aussicht auf das spanische Erbe.

Der Kurprinz Joseph Ferdinand ist bei seinem Großvater in Wien erzogen worden. Dorthin, zu ihrem Vater, hatte sich die Kurfürstin Maria Antonia mit ihrem Kind begeben, nachdem Max Emanuel die Statthalterschaft in Brüssel angetreten hatte. Die Ehe war damit auch äußerlich zerbrochen. Schon drei Monate nach der Geburt des Thronfolgers ist die Kurfürstin gestorben, nicht ohne ihren ungetreuen Ehemann vorher ausdrücklich enterbt zu haben. Der Kurprinz Joseph Ferdinand war sechs Jahre alt, als sein spanischer Großonkel das aufsehenerregende Testament zu seinen Gunsten verfaßte. Um diese Zeit ließ Max Emanuel den Sohn nach Brüssel kommen. Er wollte das Unterpfand dieser Weltherrschaftsansprüche in seiner Nähe haben. Sein Hofmaler Joseph Vivien mußte den Kurprinzen mit den Attributen seines künftigen Schicksals malen, der Weltkugel und den Schiffen der meerbeherrschenden spanischen Flotte. Das Bild hängt im ehemaligen Arbeitszimmer des Kronprinzen Rupprecht in Schloß Berchtesgaden als ein Hinweis auf einen Kulminationspunkt der Geschichte des Hauses Wittelsbach. Im gleichen Raum stand lange auf dem Schreibtisch ein eigenhändiges Schreiben Max Emanuels, mit dem er Anordnungen für den Empfang des Kurprinzen trifft. Er wünscht ausdrücklich, bei der Begegnung mit dem Kind allein zu bleiben, seinen väterlichen Gefühlen ohne Zeugen freien Lauf lassen zu können. Die Hofgesellschaft, die bei solchen Anlässen üblicherweise in großer Anzahl vertreten war, wurde angewiesen, erst nach dem Zeitpunkt des Zusammentreffens zwischen Vater und Sohn an den Ort der Begegnung nachzureisen.

Nun war also der Sohn, das Unterpfand der großen politischen Hoffnungen Max Emanuels, der Garant dafür, daß das Haus Bayern eine Königskrone erringen werde, beim Vater in Brüssel. Und da ist er innerhalb weniger Wochen schwer erkrankt und schließlich nach drei Monaten, am 6. Februar 1699, gestorben. Über die Todesursache herrscht Unklarheit. Die Anzeichen deuten auf eine Magenkrankheit. Es könnte sich auch um einen Blinddarmdurchbruch gehandelt haben. Die Art, wie die Ärzte den kleinen Patienten malträtiert haben, scheint eher zu seinem Ende als zur Heilung beigetragen zu haben.

Max Emanuel war dem Wahnsinn nahe, als er erkennen mußte, daß sich alle seine Hoffnungen mit einem Schlag in Nichts aufgelöst hatten. Augenzeugen berichten, er habe sich vor Verzweiflung die Perücke vom Kopf gerissen und sei am Sterbebett in Ohnmacht gefallen.

Für die europäische Politik bedeutete dieser Todesfall in Brüssel eine völlig neue Situation. Sofort erhob sich die Streitfrage, wer nun an Stelle des Hauses Bayern die spanische Erbschaft antreten würde. Ansprüche erhoben Frankreich (Ludwig XIV. war mit einer spanischen Infantin verheiratet) und Österreich auf Grund seiner nahen Verwandtschaft mit dem im November 1700 verstorbenen spanischen König, dessen Mutter eine deutsche Habsburgerin war. Das eigentliche Problem dabei war, daß jeder der beiden Konkurrenten der absolute Beherrscher Europas geworden wäre, wenn er sich in diesem Streit durchgesetzt hätte. Daran hatte, außer den unmittelbar Betroffenen, niemand ein Interesse. Am wenigsten England, das damals bereits deutlich den Grundsatz der »balance of power« auf dem Kontinent vertrat, und darauf achtete, daß keine der kontinentalen Mächte so stark werde, daß sie ihm gefährlich werden könnte. So kam es, daß sich in der nun abzeichnenden Koalition England auf die Seite Österreichs gegen Frankreich schlug, denn Frankreich als unmittelbarer Nachbar schien England auf jeden Fall am bedrohlichsten. Bayern inmitten der streitenden Mächte Österreich und Frankreich konnte nicht neutral bleiben. Der Kurfürst mußte sich für eine der beiden Parteien entscheiden. Eine Entscheidung von höchster Tragweite war ihm abgefordert, die sowohl neue Hoffnungen auf eine Rangerhöhung seines Hauses und auf Ländergewinn bot, aber auch zum völligen Ruin führen konnte. Max Emanuel hat sich in dieser Situation für Frankreich entschieden, für Ludwig XIV., den König, der Frankreich auf eine bis dahin unbekannte Höhe der Macht geführt hatte. Der bayerische Kurfürst hat nicht absehen können, daß der Stern des französischen Königs damals gerade im Sinken begriffen war. So sollte sich seine Entscheidung als äußerst verhängnisvoll erweisen.

Die Entscheidung in der nun einsetzenden militärischen Auseinandersetzung, dem Spanischen Erbfolgekrieg, ist 1704 an der oberen Donau gefallen, in der Schlacht von Höchstädt (oder Blenheim, wie sie die Engländer nennen), in der Nähe von Donauwörth. Da wurde das mit den bayerischen Truppen vereinigte französische Heer von der vereinigten österreichischen und englischen Armee entscheidend geschlagen. Entscheidend für den Ausgang der Schlacht war wohl, daß die Österreicher und Engländer außergewöhnliche Truppenführer als Befehlshaber hatten: den Prinzen Eugen und John Churchill, Herzog von Marlborough. Und diesem John Churchill, dem das englische Parlament in der Folge als Dank für diesen Sieg eine Spende von 500000 Pfund bewilligte, mit der er das gigantische Schloß Blenheim gebaut hat, schickte Kaiser Leopold als seine Erkenntlichkeit das Porträt Karls I. von van Dyck nach England, das Max Emanuel seinerzeit in Antwerpen gekauft hatte. Das Bild war jetzt Beutegut, denn Bayern war von österreichischen Truppen besetzt, der Kurfürst und die Kurfürstin außer Landes geflohen, Max Emanuel nach Brüssel, seine zweite Gemahlin Therese Kunigunde nach Venedig.

Bayern hatte furchtbar zu büßen für den Mißerfolg seines Fürsten. Alles Schreckliche, was ein Krieg und eine feindliche Besatzung mit sich bringen, ist damals über das Land gekommen: Plünderung, ein mißlungener Aufstand, die Rache des Siegers. Ein tragischer Höhepunkt dieser Besatzung war der Bauernaufstand von 1705/1706.

Die Sendlinger Mordweihnacht

Es hat damals eine ungeheure Erbitterung im Land geherrscht. Der kaiserliche Feldmarschall Prinz Eugen hatte angeordnet, daß Bayern die Kriegskosten tragen solle. Die Bevölkerung wurde also ganz scharf besteuert, man hat das Getreide vom Feld weg beschlagnahmt. Außerdem begannen die Österreicher, zwangsweise Soldaten auszuheben. Das war gegen alles Herkommen und Recht. Die Leute sollten für die Interessen der feindlichen Besatzung kämpfen. Damit war das Maß voll. Die österreichischen Besatzer hatten jedes Gefühl dafür verloren, wie weit sie gehen können; es gibt ein Maß der Demütigung, der Ausbeutung, das der Mensch nicht mehr erträgt.

In Bayern gibt es keine Tradition der Revolte, des Umsturzes. Der Aufstand damals ist etwas ganz Singuläres in der bayerischen Geschichte. Man kann daran ermessen, wie verbittert die Leute gewesen sein müssen. Es ist zur Bildung von Widerstandsgruppen gekommen, eine Gegenregierung hat sich gebildet. Die Aufständischen haben sogar Städte und Festungen besetzt. Das ist keine kleine Sache, wenn man bedenkt, daß sie einer gut bewaffneten siegreichen Armee gegenüberstanden. Schließlich wollten sie München erobern, das Hauptquartier der Besatzungsmacht.

Am Weihnachtstag 1705 sind die Aufständischen durchs Isartal gegen München vorgerückt. Es waren aber nicht 20000, wie vorgesehen, sondern nicht einmal dreitausend Bauern. Viele ohne richtige Waffen, nur mit Dreschflegeln, mit Sensen und Stecken ausgerüstet. Um sie kampflustig zu machen, war die Nachricht verbreitet worden, daß die Österreicher die Kinder des Kurfürsten aus München wegschleppen wollten.

Bis München sind die Aufständischen aber gar nicht gelangt. Das ganze Unternehmen war ein einziger Mißerfolg. Hilfstruppen sind nicht rechtzeitig gekommen. Die Münchner Bürger, die mitmachen und die Tore öffnen wollten, haben es mit der Angst zu tun bekommen. Auch war der ganze Anschlag längst verraten.

In einem Dorf südlich von München, in Sendling, wurden die Bauern von kaiserlichen Soldaten umzingelt und gestellt. Jetzt, in der entscheidenden Minute, hat sich herausgestellt, daß an einen Kampf überhaupt nicht zu denken war. Auf der einen Seite die gut bewaffneten, kampferprobten und zahlenmäßig überlegenen Österreicher, auf der anderen Seite der kleine Haufen schlecht bewaffneter Bauern, ohne alle Kriegserfahrung.

So haben die Anführer der Bauern »Chamade« schlagen lassen, das Trommelsignal zum Zeichen der Ergebung. Ein Teil wollte schnell noch fliehen. Den wenigsten aber ist das gelungen. Sie sollten alle niederknien, die Waffen weglegen, ließ ihnen der österreichische Befehlshaber sagen. Da haben sie gedacht, man werde sie gefangennehmen. Statt dessen sind die Österreicher mit gezogenem Säbel vorgerückt und haben die gellend schreienden Bauern einen nach dem anderen erstochen, über tausend Mann.

Diese »Sendlinger Mordweihnacht« hat die Gewissen der Österreicher belastet. Das hat sich schließlich nicht im Mittelalter zugetragen, sondern am Anfang des 18. Jahrhunderts. So haben sich die Verantwortlichen zu rechtfertigen versucht. Die österreichischen Offiziere haben behauptet, daß sie ihre aufgebrachten Soldaten nicht mehr haben zurückhalten können. Sie haben die Schuld auf die kleinen Leute abgewälzt.

Votivbilder zum Dank für die glückliche Errettung, gestiftet von den wenigen Überlebenden, die flüchten konnten oder die die schweren Verletzungen überstanden, erinnern in oberbayerischen Landkirchen noch heute an dieses Ereignis. Auch die Legende hat sich der Sendlinger Bauernschlacht bemächtigt. Sie weiß von einem bärenstarken Mann, dem Schmied von Kochel, der allen voran die Fahne getragen haben soll. Der Maler Wilhelm Lindenschmit hat ihn im 19. Jahrhundert in einem Fresko an der Außenfassade der Pfarrkirche von Sendling verewigt, wie er, den Bauern voraus, sich ins Getümmel wirft.

Das einzige Amusement ...

Während sich seine bayerischen Untertanen verzweifelt und vergeblich gegen die Kroaten und Panduren wehren, die als österreichische Besatzungssoldaten im Land übel hausen, läßt sich Max Emanuel in der Pose eines siegreichen Feldherrn malen. Das lebensgroße Porträt von Joseph Vivien in der Münchner Residenz ist ein Meisterstück der Verdrängung, ein Beispiel dafür, wie Menschen fähig sind, die Realität zu ignorieren. Max Emanuel durchlebt die schwerste Krise seines Lebens. Er lebt in Reichsacht, ist seiner Länder für verlustig erklärt, ohne militärisches Kommando, von seiner Familie getrennt, ausgestoßen aus dem Kreis der Reichsfürsten. Und in dieser Situation das Porträt als erfolgsgewohnter Armeeführer, herrisch, selbstbewußt, ohne eine Spur von Selbstzweifel.

Damals war nur noch einer, der seine schützende Hand über Max Emanuel gehalten hat: König Ludwig XIV. von Frankreich. Er hat seinen Verbündeten im Unglück nicht fallenlassen, ihm ein Exil in der Nähe seines Hofes von Versailles angeboten, in Marly, und er hat ihn finanziell unterstützt.

Kurfürst Max Emanuel, 1706 gemalt von Joseph Vivien.

Emanuel Franz Joseph, Chevalier de Bavière, ein Sohn Max Emanuels aus der Verbindung mit Agnes Lelouchier, 1707 gemalt von Louis Silvestre d. J.

Trotzdem war die Situation in der kleinen Flüchtlingsresidenz so, daß manchmal die Rechnungen des Bäckers nicht bezahlt werden konnten. Eine erniedrigende Situation für einen Fürsten, der noch wenige Jahre vorher von einer weltbeherrschenden Stellung für seine Familie geträumt hatte. Liselotte von der Pfalz, die aus Heidelberg stammende wittelsbachische Verwandte, die durch ihre Heirat zur Schwägerin Ludwigs XIV. geworden war, hat den bayerischen Kurfürsten damals gesehen. Sie beschreibt ihn als alt geworden, den Mund eingefallen, so daß Kinn und Nase fast zusammenstoßen. Auch von diesem körperlichen Verfall ist nicht eine Spur in dem Porträt von Vivien, das im übrigen auch als Kunstwerk eine außergewöhnliche Arbeit ist, eines der größten Pastellbilder, die jemals gemalt worden sind. Ein solches Bild herzustellen, war schon technisch äußerst schwierig, da für dieses Format zuerst einmal zahlreiche Papierbogen zusammengeklebt werden mußten. Dazu war es damals äußerst schwer, eine so große Glasscheibe blasen und walzen zu lassen, um das empfindliche Pastell schützen zu können.

Das pompöse Porträt von Max Emanuel läßt nichts davon ahnen, daß er ein zärtlicher, um seine Kinder besorgter Familienvater gewesen sein muß. Einen Eindruck davon vermittelt das Porträt des Chevalier de Bavière von Louis Silvestre d. J., ebenfalls in der Münchner Residenz. Der junge Mann ist ein illegitimer Sohn Max Emanuels aus der Verbindung mit Agnes Lelouchier, angeblich einer ehemaligen Maitresse Ludwigs XIV., die dieser seinem fürstlichen Gast abgetreten haben soll. Weil der Sohn aus dieser Liaison keinen fürstlichen Rang hatte, konnte er nicht mit den Insignien des Feldherrn, wie das sonst bei Fürstenkindern üblich war, ausgestattet werden. Der Maler ist deshalb auf den Ausweg verfallen, ihn musizieren zu lassen. Die Mutter des Chevalier de Bavière hat später einen bayerischen Grafen Arco geheiratet. Auf dem

Umweg über die Familie Arco ist ihr Porträt in den Besitz der Grafen zu Toerring-Jettenbach gekommen. Zum letzten Mal öffentlich ausgestellt war es bei der großen Max-Emanuel-Ausstellung 1976 in Schloß Schleißheim.

Die kurfürstliche Familie war nach dem Desaster von Höchstädt zehn Jahre lang getrennt. Der Vater in Frankreich, die Mutter in Venedig, die Kinder in österreichischem Gewahrsam in Graz. Erst 1715 war die Wiedervereinigung möglich, nachdem Max Emanuel nach dem Frieden von Rastatt wieder in seine Rechte als Kurfürst eingesetzt und ihm Bayern zurückgegeben worden war. In Lichtenberg am Lech, im Westen von München, fand das Wiedersehen statt, Anlaß, eine großartige Wiedersehensszene zu malen. Der Maler Joseph Vivien läßt Putten das bayerische Wappen in einem Baum aufhängen, Götter den wiedergewonnenen Kurhut überbringen, der älteste Sohn Karl Albrecht küßt dem Vater die Hand, neben Max Emanuel die Kurfürstin Therese Kunigunde, hinter dem Kurprinzen die Geschwister, im Hintergrund Schloß Schleißheim, in dessen Innerem das Kolossalgemälde heute seinen Platz hat.

Man versteht, daß Max Emanuel jetzt im Grunde ein gebrochener Mann ist. Zehn Jahre Exil, ein verlorener Krieg, nichts als enttäuschte Hoffnungen, nichts erreicht, nur mühsam die Position gehalten. Wenn man seinen eigenen Äußerungen glauben darf, hat ihn in den zehn Jahren, die er noch zu leben hatte, nichts mehr interessiert außer seinen Schlössern und seinen Gärten. Jedenfalls schreibt er seiner ehemaligen Geliebten, der Gräfin Agnes Arco: »Das einzige Amusement und Vergnügen, das mir noch bleibt, sind meine Schlösser und Gärten. Kann man denn so grausam sein und mich deshalb verurteilen? Habe ich nicht nach all den Enttäuschungen diese kleine Satisfaktion verdient?«

Eben dieser Resignation Max Emanuels verdanken wir die

Bauten, die dazu beigetragen haben, Bayern zu einer der führenden Kunstlandschaften Europas zu machen: Schleißheim und Nymphenburg.

Das bayerische Versailles

Der Schloßbau von Schleißheim war während des Spanischen Erbfolgekriegs liegengeblieben, und auch nach der Rückkehr des Kurfürsten aus dem Exil hat es noch Jahre gedauert, bis mit dem Innenausbau des Schlosses begonnen werden konnte. Dann aber geschah etwas ganz außerordentliches. Eine Sternstunde der Kunst: Max Emanuel und seinem Bauintendanten Joseph Effner gelingt es, ein Team von Künstlern zusammenzubringen, wie man es damals auf der ganzen Welt nicht hätte besser finden können. Da war zuerst einmal Effner selbst, dem die Leitung des Ganzen übertragen war. Er war der Sohn eines Hofgärtners aus Dachau. Max Emanuel hat ihn in Paris im Architekturatelier von Germain Boffrand ausbilden lassen. Boffrand war Schüler von Hardouin-Mansart, dem Chefarchitekten Ludwigs XIV.; mit dem Hôtel Soubise in Paris hatte er sich an die Spitze der europäischen Architekten gestellt. Mit Effner kommt jetzt ein Abglanz der großen Architektur des französischen Hofs und des französischen Adels nach Bayern. Effner entwirft das ganze Dekorationssystem von Schleißheim. Eine seiner großen Leistungen ist das große gegenläufige Treppenhaus des Schlosses, das zum Vorläufer ähnlicher repräsentativer Aufgänge in Brühl und Würzburg wird. Die Ausführung wird Einheimischen und Franzosen übertragen. Als Stukkateur arbeitet Charles Claude Dubut aus Paris neben Johann Baptist Zimmermann

Großer Festsaal in Schloß Schleißheim mit dem Deckenfresko von Jacopo Amigoni und einem der Monumentalgemälde von Franz Joachim Beich.

aus Wessobrunn, der später die Wieskirche ausmalen und stukkieren wird. Für das Kuppelfresko in der Laterne des Treppenhauses gewinnt Effner ebenfalls ein junges Genie aus dem eigenen Land: Cosmas Damian Asam. Der 25jährige Mann stand am Anfang seiner Karriere. Er hatte gerade Fresken in den Abteien von Weltenburg und Weingarten gemalt. Seine Lehrzeit hatte er in Rom verbracht. Mit Asam kommt also in Schleißheim auch das italienische Element ins Spiel.

Ein Italiener, Jacopo Amigoni aus Venedig, wird überdies mit dem Deckenfresko im Hauptsaal des Schlosses beauftragt. Amigoni war ein Künstler, um den man damals in ganz Europa geworben hat. Einer seiner ersten großen Aufträge außerhalb Italiens kommt vom Kurfürsten von Bayern. Später wird er das Covent Garden Theater in London ausmalen und die Sommerresidenzen des Königs von Spanien. Das Thema des Deckenfreskos stammt aus der antiken Mythologie, aus der Sage des Helden Aeneas, der nach langen Irrfahrten heimkehrt. Eine Anspielung auf die Heimkehr des bayerischen Kurfürsten aus dem Exil. Hoch oben an den Schmalseiten des Saals läßt Max Emanuel Kolossalgemälde anbringen, die das Leben des Bauherren ganz so schildern, wie er es selbst gern sehen wollte. Franz Joachim Beich malt die Auftritte Max Emanuels auf dem großen Kriegstheater: die Befreiung Wiens von den Türken und die Niederlage der Türken bei Mohács, in der Schlacht, bei der Max Emanuel das Zelt des Großwesirs erbeutet hat.

Im anschließenden Victoriensaal findet sich über dem Kamin eine Szene, an die sich Max Emanuel zeitlebens besonders gern erinnert: wie er 1688 die Gesandten des türkischen Sultans empfangen hat, die gekommen waren, um vom Kaiser Frieden zu erbitten. Was Amigoni hier 1723 auf der Leinwand festhält, liegt nun schon 35 Jahre zurück, aber alles, was dazwischen liegt, die Niederlagen, die Demütigungen, das

Der kurbayerische Hofbauintendant Joseph Effner. Porträtbüste von Guillielmus de Grof.

sind keine Themen für Max Emanuel. Schloß Schleißheim soll ein Ruhmestempel werden. Architektur und Dekoration haben nur die eine Aufgabe: den Bauherren zu verherrlichen, seinem Selbstbewußtsein zu dienen, seinen Machtanspruch zur Schau zu stellen. So zeigen die vergoldeten Reliefs an den Wänden des Victoriensaals Trophäen aus den Türkenfeldzügen: das Krummschwert, den Morgenstern, den abgeschlagenen Kopf des Türken. Der Meister dieser Schnitzarbeiten war Johann Adam Pichler, ein »Schneidkistler« aus Tirol. Auch er hatte sein Handwerk in Paris gelernt und stieß nun zu den Meistern dieses Schloßbaues.

Pichler arbeitet mit seinen Gesellen auch im Paradeschlafzimmer des Kurfürsten. Hier vermuten die Gelehrten nun, daß der Meister aller dieser Meister, François Cuvilliés, seine Hand im Spiel gehabt haben könnte. Man nimmt an, daß die Entwurfszeichnungen für das Dekorationssystem dieses Raums, des Herzstücks des Schlosses, von ihm stammen, dem kleinen Wallonen, der das bayerische Rokoko bald zu einer Delikatesse und Eleganz hinaufführen wird, die den Höhepunkt der Kunst in Bayern in vielen Jahrhunderten bedeutet: die Amalienburg im Nymphenburger Park, die Reichen Zimmer der Residenz in München, das Alte Residenztheater.

Nebenan, im Vorzimmer und im Audienzzimmer des Kurfürsten, hängen Gobelins, die Max Emanuel 1724 bei Josse de Vos in Brüssel bestellt hat, Kriegsszenen aus dem Spanischen Erbfolgekrieg. Das Merkwürdige, um nicht zu sagen Erheiternde, dieser Teppiche ist der Umstand, daß der flämische Wirker die gleiche Teppichserie auch nach Schloß Blenheim verkauft hat, an John Churchill, den Herzog von Marlborough, den großen Gegner und Sieger über Max Emanuel. Für Schleißheim wurden nur die Köpfe der Hauptakteure ausgetauscht, vor allem natürlich der Kopf des Befehlshabers, Max Emanuel. Geschäft war eben auch damals Geschäft.

Nymphenburg, Pagodenburg, Badenburg

Zur gleichen Zeit, während am Innenausbau von Schleißheim gearbeitet wird, läßt Max Emanuel auch in Nymphenburg bauen. Das Schloß war einmal der Sommersitz seiner Mutter Henriette Adelaide gewesen. Damals gab es nur den Mittelpavillon, eine »Villa« in der Art italienischer Landhäuser.

Max Emanuel war dieser Bau zu bescheiden. Er läßt an beiden Seiten langgestreckte Flügelbauten errichten und erweitert Nymphenburg damit zu einer der großen Schloßanlagen Europas. Nymphenburg enthält nun dreihundert Zimmer. Im linken Flügel, einem weitläufigen Karrée, wird der Marstall für einige hundert Pferde untergebracht, im rechten Flügel die Orangerie.

Im Innern läßt Max Emanuel in den Galerien von Franz Joachim Beich Ansichten seiner Schlösser anbringen, darunter auch Veduten von Nymphenburg. Auf einem dieser Bilder wird geschildert, wie es damals beim Bau zugegangen ist, wie die großen Steinblöcke, die für die Anlage einer Wasserkaskade gebraucht wurden, von Hand mit der Steinsäge zerschnitten wurden. Wie die umfangreichen Erdarbeiten mit Schubkarren bewältigt wurden, ohne Maschinenkraft, von einem Heer von Arbeitern, ohne andere Transportmittel als pferdebespannte Wagen. Das Bild ist ein seltenes Zeugnis dafür, wie in früheren Jahrhunderten, vor der Entwicklung der Maschinen, gearbeitet wurde, informativ, obwohl es uns geschönt und idyllisch erscheinen muß.

Die Gärten von Schloß Schleißheim und Schloß Nymphenburg hat, nach Vorarbeiten einheimischer Künstler, Dominique Girard geplant, vor seiner Anstellung am Münchner Hof »Fontainier du Roi« in Versailles, also Wasserbauingenieur des französischen Königs. Dem Wasser, den Kanälen, den Bassins und Kaskaden kommt in beiden Parkanlagen ganz besondere Bedeutung zu. Ausgeführt wurden die enormen Aushubarbeiten, die dafür notwendig waren, zum großen Teil von kriegsgefangenen Türken. Der Park von Nymphenburg wurde um die Wende vom 18. zum 19. Jahrhundert teilweise im Sinn der englischen Gartenkultur der Romantik umgestaltet und als Landschaftsgarten angelegt. Aus dieser Zeit stammt auch der als natürliches Gewässer an-

Die Pagodenburg im Nymphenburger Park, erbaut von Joseph Effner.

gelegte See vor der Pagodenburg, einem der Gartenpavillons, die Max Emanuel in seinem Schloßpark errichten ließ. Die Pagodenburg ist Ausdruck der Chinamode des 18. Jahrhunderts. Die um die gleiche Zeit errichtete Badenburg mit dem

Der Steinere Saal im Nymphenburger Schloß, entworfen von Enrico Zucalli und Joseph Effner, dekoriert 1757/58 von Johann Baptist Zimmermann.

heizbaren Bassin sollte den Rahmen für erotische Vergnügungen des gealterten Kurfürsten bilden.

Ganz anderen Charakter hat das zuletzt begonnene Gartenschlößchen, die Magdalenenklause. Ein weltabgewandter

Bau, eine künstliche Ruine, vorweggenommene Romantik. Im Innern klösterlicher Ernst, äußerste Einfachheit, wenn man die dunkle Eichenholzvertäfelung mit dem goldenen Prunk der Schlösser vergleicht. Hier wollte Max Emanuel den Tod erwarten, sich zurückziehen, um über sein Leben nachzudenken und sich auf die letzte Stunde vorzubereiten. Er hatte wie jeder Mensch Grund, sich zu fragen, ob er vor dem letzten Gericht werde bestehen können, ob er die ihm von Gott anvertrauten Pflichten als Haupt einer Dynastie, als Landesherr und Familienvater erfüllt habe. Historiker legen heute gern den Finger in die Wunde, treten als Moralisten und Ankläger auf wie die bürgerlichen Aufklärer des 18. Jahrhunderts. Sie werfen Max Emanuel vor, daß er zu große Ambitionen gehabt habe, daß sein Land dafür zu klein war. Daß er das Land dadurch ins Unglück gestürzt hat.

Aber wie hat Max Emanuel das wohl selbst gesehen? War es nicht seine Pflicht, die Rangerhöhung seines Hauses anzustreben, so wie das andere Fürsten damals auch, und mit Erfolg, getan haben, der Kurfürst von Brandenburg, der Kurfürst von Sachsen? Waren die vielen bayerischen Soldaten in den Türkenkriegen nicht dafür gestorben, daß Mitteleuropa von einer türkischen Fremdherrschaft, von dem Versinken in die korrupte Lethargie und die Despotie des osmanisch beherrschten Balkans verschont blieb? Waren die Schlösser, der Glanz, die Pracht nicht dringend geboten, um die Macht des bayerischen Kurfürsten zu demonstrieren, der sich zu behaupten hatte? Max Emanuel scheint überzeugt gewesen zu sein, richtig gehandelt zu haben. Er hat seinem Sohn Karl Albrecht in seinem Testament die Ziele genannt, die er zeitlebens verfolgt hat: Rangerhöhung und womöglich die Kaiserkrone für das Haus Wittelsbach. Karl Albrecht ist diesen vom Vater vorgezeichneten Weg gegangen und hat damit eine der Katastrophen des Hauses heraufbeschworen und eine menschliche Tragödie.

Die Kurfürsten des Rokoko

Herrschaftliches Jagdvergnügen

Die Amalienburg im Nymphenburger Park, zwischen 1734 und 1739 erbaut von François Cuvilliés, trägt auf ihrem Dach eine von einem zierlichen Rokokogitter abgeschlossene Plattform. Von dieser Jagdkanzel aus haben im 18. Jahrhundert der bayerische Kurfürst und die Kurfürstin Fasanen geschossen. Der Kurfürst war Karl Albrecht, die Kurfürstin Amalie, eine Habsburgerin, Tochter von Kaiser Joseph I. Der Nymphenburger Park war damals Teil eines riesigen Jagdgeländes, das sich entlang der Würm bis zum Starnberger See erstreckte. Die nach der Kurfürstin benannte Amalienburg war ein besonders luxuriöser Jagdpavillon.

Die Kurfürstin wird als leidenschaftliche Jägerin geschildert, immer von Hunden umgeben, denen sie in der Amalienburg eine eigene Hundekammer mit einzelnen Kojen hat einrichten lassen. Das Hundewesen muß schlimm gewesen sein, denn es heißt, daß in den Räumen überall die Vorhänge angenagt und die seidenen Bettdecken zerbissen waren. In einem der Kabinette der Amalienburg hängen Veduten von Peter Horemans, der einzelne Jagdtage des kurfürstlichen Hofes festgehalten hat, die Falkenjagd und die Wildschweinjagd. Immer ist die Kurfürstin dabei, in einem leichten Jagdwagen, während die Herren reiten. Eines dieser anschaulichen Bilder schildert, wie der Kurfürst gerade Socken und Stiefel wechselt. Er war bei der Verfolgung eines Keilers ins Wasser gefallen und bekommt nun trockene Kleider.

Die eleganten, in Silber stukkierten Räume der Amalienburg bilden einen starken Kontrast zu solchen derben Jagdvergnügen. Der Architekt hat hier die sublimsten Raumwirkungen erzielt, die das 18. Jahrhundert zustande gebracht hat. Cuvilliés war in Brüssel als Kammerzwerg an den Hof Max Emanuels gekommen, zur Belustigung der Hofgesell-

Die Amalienburg im Nymphenburger Park. Der Jagdpavillon ist eines der Hauptwerke von François Cuvilliés, erbaut 1734–39.

schaft, denn er war klein und verwachsen. In solchen Dingen war man ja damals für unsere heutigen Vorstellungen ausgesprochen unbefangen und grausam. Einmal hat der Kurfürst den kleinen Cuvilliés in Galauniform und Degen in eine Pastete steigen lassen. Mit dem Teigdeckel darauf wurde das Riesengebäck auf die Tafel gesetzt. Da öffnete sich der Dekkel, und herausgesprungen ist der kleine Cuvilliés. Die Gäste an der Tafel sollen über die Maßen belustigt gewesen sein.

So hat der Mann angefangen, der dann ein Wunder vollbringt wie den Spiegelsaal der Amalienburg, dieses Märchen aus zartem Blau, aus Silber und Glas, die Überwindung der Begrenzung von Raum und Schwerkraft. Max Emanuel war berichtet worden, daß der kleine Cuvilliés gut zeichnet. So hat er ihn nach Paris geschickt, zur Ausbildung bei François Blondel, der als »Architecte du Roi« eine Architekturschule unterhielt. Auf diese Weise gelangt, nach Josef Effner, erneut die damals in Europa führende französische Hofkunst auf unmittelbarem Weg nach München. Cuvilliés hat die Zeichnungen für die Ornamente der Amalienburg geliefert, geschnitzt hat sie Joachim Dietrich. Die Decken sind in Gips stukkiert. Das besorgte Johann Baptist Zimmermann aus Wessobrunn. Diese Zusammenarbeit zwischen einem in Paris geschulten Wallonen und bayerischen Handwerker-Künstlern hat einen Höhepunkt nicht nur der bayerischen, sondern der europäischen Kunst hervorgebracht.

Man möchte meinen, daß in so subtil gestalteten Räumen engelsgleiche, ätherische Wesen gewohnt haben müssen. Die Wirklichkeit scheint jedoch ganz anders gewesen zu sein. An diesem kurfürstlichen Hof muß es ziemlich handfest zugegangen sein, da müssen in Gestalt des Kurfürsten und der Kurfürstin starke Temperamente aufeinandergestoßen sein. Die Kurfürstin soll Besuchern gelegentlich ein Schächtelchen gezeigt haben, in dem sie Haare aufbewahrte: ihre eigenen Haare, die ihr der Kurfürst im Streit ausgerissen hat . . .

Eine Hinwendung zum Irdischen verrät auch die außergewöhnlich schön ausgestaltete Küche der Amalienburg, die ganz mit holländischen Kacheln ausgekleidet ist. Hier soll sich die Kurfürstin selbst am Bratspieß zu schaffen gemacht haben. Die Sorgfalt, mit der die Einrichtung dieser Küche behandelt ist, zeigt, daß die Menschen jetzt auf dem Höhepunkt der Verfeinerung des Lebens sich wieder auf Realitäten be-

Der Spiegelsaal in der Amalienburg nach Entwürfen von François Cuvilliés.

sinnen wollen. Die künstliche Welt, die ihre Vorfahren und sie selbst um sich aufgebaut haben und in der kein Platz war für die Banalitäten des Lebens, beginnt bereits ihre Faszination zu verlieren. Die Küche der Amalienburg, eine Attraktion erster Ordnung für alle Besucher dieses Jagdpavillons, steht ein halbes Jahrhundert vor Marie Antoinettes »hameau«, der Spielzeug-Bauernwelt im Park von Versailles, am Anfang des Kults der Natürlichkeit, der die zweite Hälfte des 18. Jahrhunderts in seinen Bann ziehen wird.

Die Grüne Galerie, ein Seitenflügel der von François Cuvilliés 1733/34 eingerichteten Reichen Zimmer in der Münchener Residenz.

Die Reichen Zimmer

Zur gleichen Zeit, während an der Amalienburg gearbeitet wird, entstehen in der Münchner Stadtresidenz die sogenannten Reichen Zimmer, ebenfalls nach den Plänen von François Cuvilliés. Ein Staatsappartement war hier als Aufgabe gestellt, Repräsentationsräume im Gegensatz zur privaten Welt von Nymphenburg. Die Reichen Zimmer mit der großartigen Grünen Galerie sollten der äußere Rahmen für das politische Programm Karl Albrechts werden: sein Anspruch auf einen Teil der österreichischen Erbländer und auf die Kaiserkrone. Nicht zufällig ist im Audienzsaal als Supraporte über einer der Türen das Porträt Ludwigs des Bayern angebracht, des Wittelsbacher Kaisers aus dem 14. Jahrhundert.

Karl Albrecht wollte seinem Haus erneut die Kaiserkrone zubringen. Ein ehrgeiziges Programm, ein hohes Ziel, das den Wittelsbachern die politische Vormachtstellung im Reich bringen konnte. Aber auch den Ruin. Um die Situation zu verstehen, muß man wissen, daß das österreichische Haus Habsburg damals keinen männlichen Erben hatte. Kaiser Karl VI. hatte eigens ein Hausgesetz erlassen, das seiner Tochter Maria Theresia die Erbfolge sichern sollte. Dieses Gesetz aber wurde von verschiedenen Seiten angefochten, vor allem von Bayern. Dort holte man alte Heiratsverträge aus den Archiven, vor allem den Ehekontrakt der Herzogin Anna von 1546 (vgl. Seite 72) und machte damit Erbansprüche geltend. Die juristische Seite war kompliziert, eine Auslegungsfrage. Etwas anderes war die Macht, die Möglichkeit, Ansprüche durchzusetzen. Da konnte Bayern auf Frankreich zählen. So ist Karl Albrecht, unterstützt von französischen Truppen, 1741 in Österreich eingefallen und hat sich in Linz als Erzherzog huldigen lassen. Zur gleichen Zeit hat König Friedrich von Preußen den Österreichern Schlesien weggenommen. Karl Albrecht wurde in Prag zum König von Böhmen gekrönt, anschließend ist er nach Frankfurt gereist und wurde dort von den Kurfürsten zum Kaiser gewählt. Nach Ludwig dem Bayern war nun, 1742, nach 400 Jahren, wieder ein Wittelsbacher Kaiser des Heiligen Römischen Reiches.

Aber es hat wohl selten einen unglücklicheren und machtloseren Kaiser gegeben als diesen Karl VII. Denn mittlerweile hatten die Österreicher Bayern erobert und München eingenommen. Der Kurfürst und Kaiser war heimatlos und ohne Geld im Exil, und mußte täglich hören, wie übel die Panduren und Kroaten der österreichischen Armee in seinem Land hausten. Erst zwei Jahre später, 1744, ist es gelungen, die Österreicher aus Bayern zu vertreiben. Karl Albrecht war inzwischen ein gebrochener Mann, krank und enttäuscht, und so ist er eigentlich nur nach Hause gekommen, um hier zu sterben. Die ganze Pracht der Reichen Zimmer, der hohe Anspruch, hat sich als Chimäre herausgestellt.

Wittelsbach am Rhein

Die Krönung von Kaiser Karl Albrecht in Frankfurt hatte sein Bruder vorgenommen, Clemens August, der Kurfürst und Erzbischof von Köln. Fast zwei Jahrhunderte lang war immer ein Wittelsbacher Erzbischof und Kurfürst von Köln, von 1583 bis 1761. Der letzte war Clemens August, der als junger Mensch überhaupt keine Neigung hatte, Geistlicher zu werden; er hat Angst davor gehabt, daß ihm seine schönen langen Haare abgeschnitten werden. Seine Brüder haben ihn auch noch damit gehänselt. Aber schließlich hat er sich gefügt. Die politische Stellung der Wittelsbacher am Rhein war doch wichtiger als persönliche Wünsche. Clemens August war nämlich nicht nur der Erzstuhl von Köln zugedacht, er sollte auch die Bistümer Paderborn, Münster, Hildesheim und Osnabrück besetzen. Überall war er geistlicher Oberherr und auch Landesherr, also Fürsterzbischof. Zusammen mit den Herzogtümern Jülich und Berg, wo die Pfälzer Wittelsbacher Regenten waren, haben die Wittelsbacher damit politisch ganz Nordwestdeutschland gehalten.

Clemens August hatte seinen Sitz in Köln, aber weil die Bürger der Freien Reichsstadt keinen Fürsten in ihren Mauern haben wollten, haben die Kölner Kurfürsten schon immer in Bonn residiert. In Brühl, in der Rheinebene zwischen Köln und Bonn, haben sie sich einen Sommersitz geschaffen. Das Schloß war ehemals eine rheinische Wasserburg, von einem breiten Graben umgeben, mit Zugbrücke und einem mächtigen Turm, ein mittelalterliches Gemäuer. Clemens August wollte diese Burg modernisieren und einen zweiten Turm anbauen, damit die Anlage repräsentativer wird. Da hat aber eines Tages sein Bruder Karl Albrecht, damals noch Kurfürst von Bayern, die Pläne zu Gesicht bekommen und gesehen, wie da herumgeflickt wird. »So kannst du das doch nicht machen«, muß er wohl seinem Bruder gesagt haben, »so wohnt doch heute kein Mensch mehr. Du hast ja nicht einmal einen Zugang zum Garten, und diese Türme, das ist doch passé.« Er hat daraufhin seinem geistlichen Bruder seinen Hofarchitekten zur Verfügung gestellt, François Cuvilliés, der in München bewiesen hatte, daß er den allerneuesten französischen Geschmack beherrscht. So hat auch im Rheinland das Rokoko einen Platz erobert.

Clemens August hat die ihm aufgezwungene Rolle ertragen, indem er seinen Neigungen gelebt hat. Und da stand das

Schloß Augustusburg in Brühl.

Bauen an erster Stelle. Er ist zum größten Bauherrn des 18. Jahrhunderts im Rheinland geworden. Dabei ist ihm zu Hilfe gekommen, daß ihm der König von Frankreich reichlich Bestechungsgelder bezahlt hat. Ludwig XV. wollte die Wittelsbacher auf seine Seite ziehen, und er hat sich das etwas kosten lassen. Das Geld wurde für Bauten ausgegeben und ist damit unter die Leute gekommen. »Bei Clemens August trug man Blau und Weiß, da lebte man wie im Paradeis«, hat das Volk noch lang gesungen. Da war alles recht, was damals luxuriös und elegant und neu war. Eine ganze Raumflucht zum Beispiel hat Cuvilliés für seinen Bauherrn mit Delfter Fliesen auskacheln lassen. Da sollte es im Sommer schön kühl sein, in den Südzimmern mit dem Ausblick auf den Garten.

Wanddekoration im Gardensaal von Brühl, entworfen von Carlo Pietro Morsegno.

Für den Garten hat Clemens August den Gartenarchitekten Dominique Girard kommen lassen, den Meisterschüler von Le Notre, der auch die Gärten von Nymphenburg und Schleißheim geplant und den Belvederegarten des Prinzen Eugen in Wien angelegt hat. In Brühl war die Aufgabe zu lösen, den französischen Formgarten harmonisch in einen schon bestehenden Wildpark einzugliedern. Besonders gut gelöst ist die Art, wie das erhöht liegende Schloß durch eine Terrasse mit dem Gartenparterre verbunden ist. Das war die Idee von Cuvilliés.

Der Name Cuvilliés steht für die am französischen Geschmack orientierte Bau- und Dekorationskunst. In Brühl kommt aber noch ein anderer Baumeister der Zeit zum Zug:

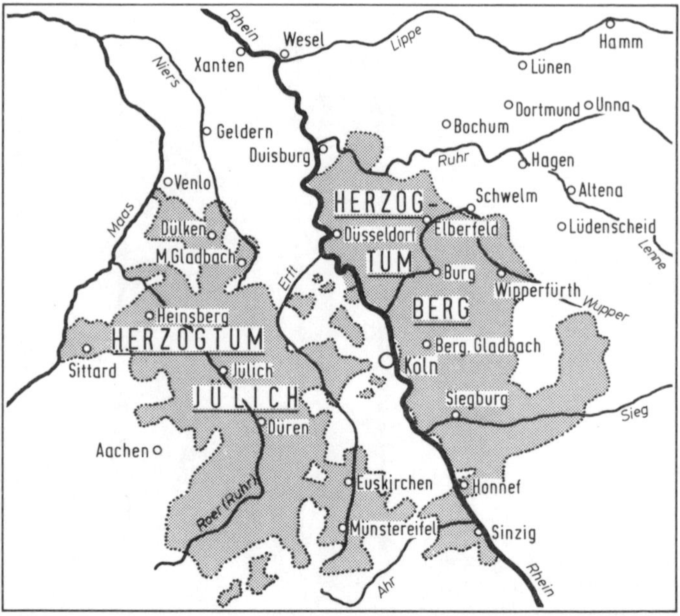

Durch Heirat kamen die Herzogtümer Jülich und Berg mit der Hauptstadt Düsseldorf 1614 an das wittelsbachische Haus Pfalz-Neuburg.

Balthasar Neumann, ein am Wiener Barock geschulter Architekt, der große Meister der Würzburger Residenz. Er wurde geholt, weil Clemens August mit seinem Treppenhaus nicht recht zufrieden war.

Das war nun, nach Cuvilliés, der zweite großartige Griff. Neumann entwirft mit dem Brühler Treppenhaus den großartigsten barocken Raum des Rheinlands. Schwerer, gemessener, prunkvoller als die Werke von der zarten Hand des Cuvilliés. Das Treppenhaus im Schloß Augustusburg von Brühl dient noch heute der Repräsentation. Hier spielt sich das große Defilée ab, wenn der Bundespräsident empfängt.

Die Decken im Treppenhaus und im anschließenden Gardensaal sind von Carlo Carlone ausgemalt, dem Italiener vom Comersee, unter den fünfzig Meistern seiner Familie der beste. Das Thema ist das Regiment der Wittelsbacher, eine Verherrlichung des Bauherrn und seiner Familie.

Das Wappen des Kurfürsten Clemens August und der Kurhut sind auch im anschließenden Musiksaal der Mittelpunkt des Deckenfreskos. Die Musik hat, wie an den meisten Höfen damals, auch in Brühl eine große Rolle gespielt. Clemens August hat ein Orchester unterhalten; 1733 ist in diese Kapelle ein Niederländer eingestellt worden: Ludwig van Beethoven, der Großvater des großen Beethoven, der ja aus Bonn stammt.

Falkenlust

Wichtiger noch als die Musik, ja noch wichtiger als das Bauen, war am Hof von Brühl damals die Jagd. Das war schon keine Liebhaberei mehr, sondern eine Leidenschaft. In dem Jagdrevier im Süden von Köln wurden große Moore entwässert, Schneisen gehauen, Forsthäuser gebaut. Der Kottenforst ist bis heute ein wichtiges Erholungsgebiet im Industrierevier.

Für die verschiedenen Jagdarten hat es verschiedene Jagduniformen gegeben. Rot und Gold für die Parforcejagd, also das Jagen zu Pferd auf den Hirsch, dann graue Jagdkleidung für die Jagd auf die Wildschweine. Grün war die Jagdgesellschaft gekleidet, wenn sie mit der Büchse auf Wild gepirscht ist, auf Rehe. Die vornehmste Jagdart aber war die Falkenjagd. Die Jagd mit dem Greifvogel, der abgerichtet wird, im Flug Vögel zu schlagen und dann wieder zu seinem Herrn zurückzukehren, spielt ja schon im Mittelalter die große Rolle bei den Fürsten. Kaiser Friedrich II., der Staufer, hat selbst

Das Jagdschloß Falkenlust im Park von Brühl.

Der Jagdfalke »Geer« im Besitz des Kurfürsten Clemens August.

ein Buch über die Falkenjagd geschrieben. Zur Falkenjagd ist die Jagdgesellschaft in reich gestickten Uniformen ausgeritten, in Blau und Silber. Blau und silbergrau ist demnach auch das Jagdschloß Falkenlust, ganz in der Nähe von Schloß Brühl.

Die Ausstattung im Innern ist ganz auf die Falkenjagd abgestimmt. Man kann dort gut sehen, wie auch in diesem fürstlichen Milieu die Erwachsenen den Wunsch hatten, ihre Liebhabereien, ihren Lebensinhalt an die nächste Generation weiterzugeben: die kleinen Prinzen, Neffen des Kurfürsten Clemens August, haben auch schon das Jagen mit dem Falken lernen sollen. Dazu wurden ihnen kleine Uniformen geschneidert, in den Farben und im Schnitt ganz wie für die Großen. Im Mittelsaal sind sie lebensgroß porträtiert.

Der Lebensstil dieser Fürsten des 18. Jahrhunderts ist uns

Herzog Clemens Franz (links), zeigt einem Neffen, wie man einen Reiher beringt. Wandgemälde in Schloß Falkenlust.

Kurfürst Clemens August (1700–1761).
Porträt von Joseph Vivien (Ausschnitt)
im Chinesischen Kabinett von Falkenlust.

sehr fern, aber hier spürt man doch etwas menschlich anrührendes, unmittelbares, ähnlich wie in dem Porträt, das den Kurfürsten zeigt, wie er seine Morgenschokolade trinkt, mit der Hausmütze und dem indischen Schlafrock angetan, ohne Perücke, ohne Uniform. Das Bild ist von Joseph Vivien, der damals bayerischer Hofmaler war, aber auch für den kurkölnischen Hof gearbeitet hat.

Clemenswerth am Hümmling

Am Hof von Clemens August haben sich die verschiedensten künstlerischen Richtungen getroffen: der hohe französische Stil des Gartenparterres, der Reichsstil, wie er sich in Wien ausgebildet hatte, vertreten durch Balthasar Neumanns Treppenhaus und das bayerisch-französische Rokoko, das François Cuvilliés einbringt. Dann war aber da noch etwas ganz eigenes, die Art, wie man damals in Westfalen gebaut hat. Der große Meister in dieser Zeit war dort Johann Conrad Schlaun aus der Gegend von Paderborn. Der war beim Bau von Brühl nicht recht zum Zug gekommen, er war dem Kurfürsten zu bieder und zu altväterisch. Aber dann hat er ihn doch beauftragt, ihm ein Jagdschloß zu bauen, in Soegel, ganz im Norden seines Fürstbistums Münster, heute in Niedersachsen gelegen. Das Jagdschloß Clemenswerth. Das hat einen ganz anderen Charakter. Unverputzter Backstein, sauber gefugt, sparsamster Schmuck, nur wenig hervortretende Rahmungen an den Fenstern und an den Gebäudeecken. Eine außergewöhnlich noble Art zu bauen, bodenständig, traditionsbewußt, norddeutsch, westfälisch.

Clemenswerth besteht aus einem Mittelpavillon, der von acht ganz gleichförmig gestalteten Gebäuden umstellt ist, denen die einzelnen Hoffunktionen zugeordnet waren: Küche, Unterkünfte für den Stab und die Dienerschaft und Jägerei. Einer der das Hauptgebäude umstehenden Pavillons beherbergt eine Kirche. Clemens August hat ein kleines Kapuzinerkloster begründet, das äußerlich ganz wie eines der Jagdhäuser gestaltet ist. Dahinter erstreckt sich ein Barockgarten in Miniaturausgabe. Dahin hat sich der Kurfürst zurückgezogen, wenn er allein sein wollte oder seinen Beichtvater in ein Gespräch zu ziehen hatte. Ein Vorbild für die sternför-

Das Jagdschloß Clemenswerth im Emsland.

mige Anlage von Clemenswerth ist in Bouchefort bei Brüssel zu finden. Auch Schloß Fürstenried im Süden von München, als Jagdschloß unter dem Kurfürsten Max Emanuel gebaut, folgt diesem Schema. Ludwig XIV. hatte eine ähnliche Anlage in Marly bei Paris bauen lassen, wo er selbst ebenfalls in einem Mittelgebäude wohnte, während die Hofgesellschaft eine Reihe von umstehenden Pavillons bezog.

Clemenswerth war der Mittelpunkt eines großen Jagdreviers am sogenannten Hümmling, einer Hügel- und Moorlandschaft. Hier wurde bevorzugt die Parforcejagd betrieben, die Jagd zu Pferd hinter der Hundemeute, die den Hirsch so lange hetzt, bis er sich erschöpft ergibt. Die kurfürstlichen Jagden hier waren immer der Höhepunkt des Jahres, wird berichtet. Da wurden Hunderte von Treibern aufgeboten, die das Wild zusammengetrieben haben; für die Dorfjugend waren diese Jagdzeiten aufregender und schöner als jeder Kirchweihtanz.

Vernunft und Grazie

In München war nach dem Tod des Kurfürsten und Kaisers Karl Albrecht dessen Sohn Max III. Joseph als Kurfürst nachgefolgt, ein schon ganz der Vernunft und der Aufklärung anhängender Fürst, der sich bemühen mußte, die durch die unglückliche Politik seines Vaters zerrütteten Verhältnisse und die hohen Schulden, die auch noch aus den Tagen Max Emanuels herrührten, in Ordnung zu bringen. Eine seiner bedeutendsten Leistungen ist die Gründung der Bayerischen Akademie der Wissenschaften 1759. In der Kunst lebt er fort in den außergewöhnlichen Porträts in der Münchner Residenz, die sein Hofmaler George Desmarées von ihm geschaffen hat. Ein Bild zeigt ihn zusammen mit dem Theaterintendanten Graf Seeau, der als Vertrauter des Fürsten damals am Münchner Hof eine große Rolle gespielt hat. An diesen Grafen Seeau hatte sich Wolfgang Amadeus Mozart zu wenden, als er 1777 vergeblich um eine Anstellung bei der Münchner Hofmusik nachsuchte. Dieses Engagement ist bekanntlich nicht zustande gekommen. Der Kurfürst hat Mozart wenig interessiert beschieden: »Es ist keine Vakatur da, leider, aber es ist keine Vakatur da.« An der freien Planstelle hat es gelegen, daß es zu keiner Berufung an die Münchner Hofoper kam. Mozart hatte zwei Jahre vorher einen Kompositions-

Kurfürst Max III. Joseph und der Hoftheaterintendant Joseph Anton von Seeau, gemalt von George Desmarées.

auftrag vom Münchner Hof erhalten. Er schrieb dafür die Oper »La finta giardiniera«, die als »Gärtnerin aus Liebe« verdeutscht und im alten Opernhaus am Salvatorplatz mit großem Erfolg aufgeführt wurde. »Nach einer jeden Aria war alzeit ein erschröckliches getös mit Glatschen und viva Maestro schreien«, berichtet der junge Komponist seiner Mutter nach Salzburg. Das war im letzten Lebensjahr des Kurfürsten Max III. Joseph. Der nächste Kompositionsauftrag an Mozart kam dann bereits von Kurfürst Karl Theodor. 1781 wurde die Oper »Idomeneo« im neu erbauten Opernhaus, dem heutigen Alten Residenztheater, uraufgeführt. Das Theater war eine der letzten Arbeiten von François Cuvilliés, eines der schönsten, wenn nicht überhaupt das bezauberndste Theater der Welt. Es ist im Zweiten Weltkrieg zerstört worden. Weil aber die gesamte Innenausstattung abmontiert und gesichert war, konnte es an anderer Stelle innerhalb der Münchner Residenz wieder aufgebaut werden.

In der gleichen Zeit, als dieses Juwel eines Hoftheaters entstanden ist, gründete Kurfürst Max III. Joseph eine Porzellanmanufaktur, die durch ihren großen Meister Franz Anton Bustelli sofort zu höchster künstlerischer Vollendung geführt wurde. Die Geschichte der Porzellanherstellung im 18. Jahrhundert trägt kriminalistische Züge. So wie sich die Fürsten damals, gestützt auf mehr oder weniger dubiose Erbansprüche, gegenseitig Länder wegzunehmen versuchten, haben sie sich jene Leute abgejagt, die im Besitz der geheim gehaltenen Rezepte zur Porzellanherstellung waren. Porzellan zu machen ist in Europa zuerst am kursächsischen Hof in Meißen gelungen. Die gesuchten Könner waren Boettger und Höroldt. Das war bereits um 1710. Dann folgt Wien, und aus Wien kam dann ein »Arkanist« (so hießen die Leute, die das Geheimnis des Arkanum, der richtigen Mischung der Porzellanmasse kannten) nach München. Gleich im zweiten Jahrzehnt nach ihrer Gründung 1747 wurde die kurfürstlich bayerische Porzellanmanufaktor 1761 in die Gebäude im Rondell des Nymphenburger Schlosses verlegt, wo sie noch heute untergebracht ist. Ihren einzigartigen Ruf verdankt diese Manufaktur dem schon genannten Franz Anton Bustelli, einem Modelleur aus Locarno. Er hat die aufs äußerste verfeinerte Kunst der Bildhauerei des Rokoko ins Porzellan übertragen, in die kleine Form. Seine bekanntesten Werke

»Leda«, Porzellanfigur aus der Serie Commedia dell'arte von Franz Anton Bustelli. Nymphenburg, um 1760.

sind die Figuren der Commedia dell'arte, der italienischen Stegreifkomödie, aus den fünfziger Jahren des 18. Jahrhunderts, mit ihren festen Typenpaaren: Corinne und Anselmo, Dottore und Donna Martina, Colombine und Scaramuz, Ottavio und Isabella, Lalage und Mezzetino, Pantalone und Julia, Pierrot und Lucinda, Leda und Capitano. Diese Figuren finden nun ein zweites Mal eine künstlerische Heimat in Bayern, nachdem sie ein Maler am Ende des 16. Jahrhunderts bereits im Treppenhaus des Italienischen Anbaues der Burg Trausnitz in Fresken verewigt hatte. Erst seit wenigen Jahren ist im Bayerischen Nationalmuseum die gesamte Serie der Commedia dell'arte-Figuren zu sehen.

Der letzte Kurfürst der Pfalz

Das Große Faß

Unter den deutschen Ländern, die im Dreißigjährigen Krieg besonders gelitten haben, war in erster Linie die Pfalz und ihre Hauptstadt Heidelberg. Aber nur wenige Jahre später, gegen Ende des 17. Jahrhunderts, wurde die Pfalz schon wieder verwüstet, dieses Mal von französischen Truppen im Pfälzer Erbfolgekrieg. Es hat dann praktisch bis in die Mitte des 18. Jahrhunderts gedauert, bis sich das Land wieder erholt hat. Ein Sinnbild der neuen wirtschaftlichen Blüte und des Wiederaufbaus ist das Große Faß im Heidelberger Schloß. Es wurde 1751 fertiggestellt, in der Regierungszeit des Kurfürsten Karl Theodor. An der Stirnseite des Fasses sind die Initialen des Fürsten angebracht: C. T. Das Faß, über dem ein Tanzboden gezimmert ist, kann 200000 Liter Wein aufnehmen. Es gilt als das größte Faß der Welt, das jemals mit Wein gefüllt war. Insgesamt konnten im 18. Jahrhundert in den Kellern des Heidelberger Schlosses 700000 Liter Wein gelagert werden. Der Wein ist noch heute eines der wichtigsten Wirtschaftsgüter der Pfalz, damals war er die Haupteinnahmequelle. Was in das Heidelberger Schloß geliefert wurde, das waren die Staatseinnahmen, die Steuern der Untertanen.

Frankenthaler Porzellan

Bis in die Mitte des 18. Jahrhunderts sind die Erträge der Landwirtschaft in fast allen europäischen Staaten die Haupteinnahmequelle. Das ändert sich allmählich mit der Einführung der Industrie. Dabei sind in Deutschland vielfach die Fürsten vorausgegangen, denn sie waren fast die einzigen, die über das dafür notwendige große Kapital verfügt haben. Außerdem haben sie sich das Recht vorbehalten, Industrien zu genehmigen, Privilegien zu erteilen. So auch Kurfürst Karl Theodor. Er war 1742 in der Pfalz und in den wittelsbachischen Ländern am Niederrhein zur Regierung gekommen und wollte seine Länder emporbringen, vor allem durch die Gründung von Fabriken, Manufakturen, wie man sie damals genannt hat.

Als Sitz dieser Industrien in der Pfalz wurde Frankenthal gewählt, eine alte Tuchmacherstadt am Rhein. Hier ließ der Kurfürst auch eine Porzellanfabrik anlegen. Gegründet hat die Frankenthaler Manufaktur ein Paul Anton Hannong aus Straßburg. Der mußte dort seine Fabrik schließen, weil Ludwig XIV. von Frankreich angeordnet hatte, daß nirgends anders in seinem Land Porzellan gemacht werden darf als in den Staatsbetrieben von Sèvres. So ist Hannong also nach Frankenthal gegangen. Sein Betrieb mußte bald in kurfürstliche Regie übernommen werden, weil die wirtschaftlichen Erfolge ausgeblieben sind. Frankenthal war eher ein Zuschußbetrieb als eine Einnahmequelle. Wirtschaftlich ist die Manufaktur nie recht hochgekommen, aber künstlerisch gehört sie zu den besten des 18. Jahrhunderts.

Frankenthaler Porzellan ist unter Kennern heute wegen des Erfindungsreichtums seiner Szenen, der Eleganz der Formen und des farbigen Dekors besonders geschätzt. Außerge-

»Zwietracht in der Ehe«. Porzellangruppe aus der Manufaktur Frankenthal.

wöhnlich sind die vielen bürgerlichen Szenen, die einer der Modelleure, Karl Gottlieb Lück, entworfen hat: Eheszenen, der Koch, der Kaufmann, die Verabschiedung der Magd, die Magd am Bottich, die gute Mutter. Solche Darstellungen sind ungewöhnlich in dieser noch ganz aristokratischen Welt, weisen aber bereits auf das heraufziehende bürgerliche Zeitalter hin. Zum Adel passen besser die vielen Jagddarstellungen, darunter die berühmte Gruppe vom »Jäger aus Kurpfalz«, dessen Urbild, ein Wittelsbacher pfälzischer Kurfürst, das bekannte Volkslied inspiriert hat:

Ein Jäger aus Kurpfalz,
der reitet durch den grünen Wald,
er schießt sein Wild daher,
gleich wie es ihm gefällt ...

Die Frankenthaler Manufaktur wurde um 1800 mit der Nymphenburger Manufaktur vereinigt, und so werden heute in München noch manche dieser beliebten Jagdgruppen hergestellt.

Das Mannheimer Schloß

Die Jagd war die große Leidenschaft der Fürsten und des Adels, aber auch der Schrecken der Bauern wegen der Wildschäden, und weil die Jäger immer wieder rücksichtslos die Felder zertrampelt haben. Die Fürsten und die adeligen Herren am Hof scheinen sich wenig um die Sorgen der kleinen Leute gekümmert zu haben. Das waren zwei Welten, dort die Bauern, die mühsam ihre Äcker und Weinberge bestellt haben, und hier der Fürst, sein Hofstaat, der Adel. Der Fürst war gleichbedeutend mit dem Staat, und entsprechend haben sich die Fürsten einen Rahmen geschaffen. Das Stadtschloß von Mannheim ist eines der besten Beispiele dafür.

Das Schloß hat eine Längenausdehnung von 600 Metern, also über einen halben Kilometer, und im Innern eintausendfünfhundert Räume. Dazu muß man wissen, daß die Pfalz damals nur etwa 300000 Einwohner hatte. Ein groteskes Mißverhältnis zwischen einer solchen Machtdemonstration und der wirtschaftlichen Grundlage des Landes. Das Mannheimer Schloß ist eine der größten Schloßanlagen Europas. Begonnen hat es der Vorgänger Karl Theodors, Kurfürst Karl

Philipp um das Jahr 1720. Dieser Karl Philipp hatte die Residenz der Pfalz von Heidelberg nach Mannheim verlegt. Die ganze Regierung ist damals umgezogen. Mannheim wurde zum Muster einer barocken Residenzstadt. Alles wurde einheitlich geplant, die rechtwinklig angelegten Straßen waren alle auf das Schloß hin orientiert.

Die Jesuiten, die Hofgeistlichen, ganz in der Nähe des Schlosses, ihre Kirche mit den römisch-barocken Formen und, ebenfalls in der Nähe der Residenz, die Palais der Adligen, darunter, gleich gegenüber, das Palais Bretzenheim. Das wurde für einen Sohn Karl Theodors erbaut. Der Kurfürst hatte keine legitimen Kinder. Dieser Sohn stammte aus der Verbindung mit einer Tänzerin. Der kurfürstliche Vater hat ihm Grundbesitz verschafft, eine adlige Herrschaft, eben Bretzenheim bei Bad Kreuznach, und später auch noch den Fürstentitel.

Wissenschaft und Kunst

Die Fürsten des Barock haben ganz aus dem vollen gelebt, sie haben sich als Stellvertreter Gottes auf Erden empfunden. So haben die Staatstheoretiker das damals gesehen. Mit einer solchen Stellung war natürlich eine große Verantwortung verbunden, und so sind die Fürsten im allgemeinen sehr sorgfältig erzogen worden. Das hat nicht immer gefruchtet, aber von Karl Theodor ist überliefert, daß er ein ganz außergewöhnlich gebildeter und geistig interessierter Mensch gewesen ist. Er hat ein Universitätsstudium absolviert, zeitlebens alles gefördert, was mit Wissenschaft und mit Kunst zu tun hat. Er hat eine Akademie gegründet und Voltaire an seinen Hof gezogen. In das Mannheimer Schloß wurde eine riesige Bibliothek eingebaut. Davon ist nichts erhalten, das Schloß ist im Zweiten Weltkrieg fast völlig ausgebrannt; erhalten hat sich nur die Bibliothek der Kurfürstin mit den wundervollen Stukkaturen und Schnitzereien von Paul Egell. Die große Bibliothek war öffentlich, zur Benützung freigegeben. Öffentliche Büchereien hatte es bis dahin nicht gegeben. Karl Theodor wollte mit einer solchen Maßnahme die Wissenschaften fördern.

In diesen Zusammenhang gehört auch die Gründung eines deutschen Nationaltheaters in Mannheim. Ähnlich wie in Wien das Burgtheater, wurde damit zum ersten Mal ein öffentlich subventioniertes Theater geschaffen, auf dem deutsche Stücke gespielt werden sollten. Die Theater, die es bis dahin gegeben hatte, waren die italienische Oper und das französische Schauspiel. Deutsche Stücke konnte man allenfalls in Jahrmarktbuden sehen. Im neuen deutschen Nationaltheater in Mannheim wurde gleich ein Stück gespielt, das die neue Richtung angab, einen neuen Stil, weg von der Gemessenheit und dem klassischen Pathos der Franzosen: Schillers »Räuber«. Das Stück wurde 1782 in Mannheim zum ersten Mal gespielt und war ein ungeheurer Erfolg; zwei Jahre später, 1784, folgen »Fiesco« und »Kabale und Liebe«. Mannheim war damals ein geistiger Mittelpunkt Deutschlands, ein Anziehungspunkt für Künstler.

Für Bildhauer hat Karl Theodor eine Sammlung von Gipsabgüssen bedeutender antiker Skulpturen bestimmt. Auch das war damals etwas ganz Neues, denn bis dahin konnten sich die Künstler nur mit Hilfe von Strichzeichnungen eine Vorstellung von griechischer und römischer Plastik machen. Jetzt war das alles vollplastisch zu sehen. Ein ungeheurer Eindruck muß das gewesen sein. Goethe hat diesen Antikensaal als junger Mann gesehen. In »Dichtung und Wahrheit« schreibt er, daß damals in ihm der Glaube an die Überlegenheit der nordischen Baukunst, der Glaube an die Gotik, zu wanken begann.

Der Antikensaal war für die Bildhauer bestimmt, das Kupferstichkabinett, das Karl Theodor begründet hat, sollte den Malern dienen, Beispiele geben. Karl Theodor hat innerhalb kürzester Zeit dafür von seinen Kunstagenten in Italien und in Holland 70000 Blätter zusammenkaufen lassen, darunter viele Zeichnungen und Radierungen von Rembrandt. Die Bestände sind am Ende des 18. Jahrhunderts nach München gekommen, ebenso wie die Gipsabgußsammlung. Denn Karl Theodor hat 1778 Bayern geerbt und seine Residenz und damit auch die Kunstsammlungen nach München verlegen müssen. Das war ein schwerer Verlust für Mannheim und für die Pfalz. In München bildet die Mannheimer Sammlung Karl Theodors heute den Grundstock der Graphischen Sammlung, einer der bedeutendsten Graphiksammlungen der Welt.

Schwetzingen

Im Sommer wurde der kurfürstlich-pfälzische Hof jedes Jahr von Mannheim in das nahe gelegene Schwetzingen verlegt. Da mußten viele hundert Personen mitziehen. Das Schloß in Schwetzingen war dafür viel zu klein, und so waren in dem Ort die Häuser alle überfüllt bis unter den Dachboden. Das war für den Hofstaat unbequem, aber eine geschätzte Einnahmequelle für die Einwohner von Schwetzingen. Das Schwetzinger Schloß war von einem Vorgänger Karl Theodors, dem Kurfürsten Karl Ludwig, als Wohnsitz für seine Maitresse Luise von Degenfeld hergerichtet worden. Die Dame sollte in angemessener Entfernung von den Residenzen Heidelberg und Mannheim untergebracht werden, aber doch nahe genug, damit der Kurfürst schnell zu ihr gelangen konnte.

Karl Theodor läßt in Schwetzingen einen großen Park anlegen, ganz im Stil der klassischen französischen Gartenkunst, mit Blumenbeeten, die als Ornamente angelegt sind und mit abgezirkelten Kiesflächen. Einen französischen Formgarten nannte man das damals; steif und förmlich bietet sich ein solcher Park dem Beschauer dar. Dieses gemessen Feierliche war in der Mitte des 18. Jahrhunderts eigentlich schon aus der Mode. Es lebt ja jetzt bereits die Enkelgeneration Ludwigs XIV., und die Menschen beginnen, etwas Neues zu entdecken: die Natur, das Natürliche. Wir verbinden heute mit diesem Wort ganz selbstverständlich etwas Positives; für uns ist »natürlich« der Gegensatz zu »gekünstelt«. Das war aber nicht immer so. Bis in die Zeit, zu der der Hofgarten von Schwetzingen angelegt wurde, war Natur für die Menschen das Ungeregelte, das Bedrohliche, das, was sich der einzelne möglichst vom Leib halten wollte. Erst um die Mitte des 18. Jahrhunderts setzt der Sinneswandel ein. Die Dichter sind damals vorausgegangen, so z. B. der junge Goethe:

Mailied

Wie herrlich leuchtet
Mir die Natur!
Wie glänzt die Sonne!
Wie lacht die Flur!

Es dringen Blüten
Aus jedem Zweig
Und tausend Stimmen
Aus dem Gesträuch.

Und Freud' und Wonne
Aus jeder Brust.
O Erd', o Sonne!
O Glück, o Lust!

O Lieb', o Liebe!
So golden schön,
Wie Morgenwolken
Auf jenen Höhn!

Du segnest herrlich
Das frische Feld,
Im Blütendampfe
Die volle Welt.

O Mädchen, Mädchen,
Wie lieb' ich dich!
Wie blickt dein Auge!
Wie liebst du mich!

So liebt die Lerche
Gesang und Luft,
Und Morgenblumen
Den Himmelsduft,

Wie ich dich liebe
Mit warmem Blut,
Die du mir Jugend
und Freud' und Muth

Zu neuen Liedern
und Tänzen giebst.
Sei ewig glücklich,
Wie du mich liebst!

Auch in der damaligen Musik äußert sich dieses neue Lebensgefühl. Hörner und Klarinetten erzeugen naturhafte, auch volkstümliche Stimmungen, so etwa Johann Stamitz, der Konzertmeister am Hof Karl Theodors, in seinen Klarinettenkonzerten. Von nun an ist es kein weiter Weg mehr zu Haydn, zu Mozart, zu Beethoven, zur Wiener Klassik, zur Pastorale, zum Freischütz.

Trotz aller Naturbegeisterung haben die Gebildeten damals, in der späten Rokokozeit, die Natur aber doch ganz anders gesehen als wir heute. Das zeigt sich in der Gartenkunst. Man legt jetzt zwar kleine Wäldchen an, verschlungene Wege, Laubengänge, kann sich aber einen Garten doch nicht vorstellen ohne Statuen, Tempel, künstliche Ruinen, Grotten und Wasserfälle. Die Menschen haben eigentlich nicht so sehr an die Natur gedacht als an das, was sie darüber bei antiken Schriftstellern gelesen und auf den Bildern von Malern gesehen haben, die Italien bereist und in idealisierenden Bildern wiedergegeben haben. Arkadien, wie es Poussin und Claude

Lorrain gemalt hatten, war das Stichwort, eine gestaltete Ideallandschaft voll Poesie und Schönheit.

Das war die Aufgabe, die damals einem Gartenarchitekten gestellt wurde. In Schwetzingen war ein Lothringer damit beauftragt: Nicolas de Pigage aus Lunéville. Ein großer Architekt, der maßgeblich am Mannheimer Schloß tätig war und nun in Schwetzingen Parkbauten entwirft und in die Kunstlandschaft hineinkomponiert. »Pan auf dem Felsen« kommt da in eine künstliche Lichtung zu sitzen, es entstehen ein Minervatempel, ein Apollotempel, ein Naturtheater, ein Tempel des Merkur, die Ruine eines römischen Kastells, auch eine Moschee.

Am Tempel des Merkur und am Römischen Kastell hat bereits einer der Nachfolger von Pigage mitgearbeitet, Friedrich Sckell, ein Hesse aus Weilburg an der Lahn, der dann später in München den Englischen Garten anlegt. Er übernimmt in Schwetzingen bereits die Gestaltung eines Teils der Parkanlagen und gibt ihnen eine ganz neue Note: weite, sanft geschwungene Rasenflächen, einzeln stehende große Bäume, überraschende Ausblicke im Verlauf weich geschwungener Wege, große Wasserflächen, in denen sich der Himmel und die Bäume spiegeln.

Der Schwetzinger Park war eigentlich als Umgebung für einen großen Schloßbau gedacht, zu dem es aber nicht gekommen ist, weil das Geld dafür nicht vorhanden war. Mehr als ein Halbrund einstöckiger Flügelbauten, die sogenannten Zirkelhäuser, ist nicht zustandegekommen. Trotzdem bilden sie allein in ihrer räumlichen Weite und klaren Gliederung eine ideale Fassung des Barockgartens und des Parks mit seinen Laubengängen, den malerischen Baumgruppen und dem freien Raum des Gartenparterres. Der Architekt dieser Zirkelhäuser war Alessandro Galli da Bibiena aus der Familie der großen Theaterarchitekten. In einem dieser Zirkelhäuser fan-

Tempel der Minerva im Park von Schwetzingen, entworfen von Nicolas de Pigage, gebaut zwischen 1766 und 1773.

den zur Zeit Karl Theodors regelmäßig Konzerte statt, und in einem dieser Konzerte haben der siebenjährige Mozart und seine Schwester Nannerl 1763 vor dem Kurfürsten und der Hofgesellschaft gespielt und »ganz Schwetzingen in Bewegung gesetzt«, wie der Vater Leopold Mozart nach Hause berichtet. »Die kurfürstlichen Herrschaften hatten ein unbeschreibliches Vergnügen und alles geriet in Verwunderung.«

Das wollte etwas bedeuten, denn der kurfürstliche Hof von Mannheim hatte damals unstreitig das beste Orchester von Europa. Lauter Virtuosen an den Pulten und Stamitz als Konzertmeister. Dieses Mannheimer Orchester hat einen neuen Stil entwickelt, eine Orchestersprache, die sich von der Strenge und Objektivität der Barockmusik absetzt und dafür Spontaneität und Gefühlsausdruck einbringt, einen expressiven Stil, melodiös und sinnenhaft. Berühmt war das Crescendo der Mannheimer, eine naturhafte Dynamik, im Gegensatz zur Stufendynamik des Barock, ein Sich-Steigern der Geigenstimmen. Man hat damals vom Sturm der Geigen gesprochen, bei diesem Anschwellen der Lautstärke. Diese Musik hat die Menschen damals so in Erregung versetzt, daß sie bei einem Crescendo mitten im Konzert von ihren Sitzen aufgesprungen sind.

1777 ist Mozart ein zweites Mal an den Hof Karl Theodors gekommen, dieses Mal nicht mehr als Wunderkind sondern auf der Suche nach einer Anstellung. Wie schon am Münchner Hof war aber auch in Mannheim keine Stelle frei. Für den Kurfürsten war das Antichambrieren des Salzburger Komponisten und Klaviervirtuosen eine Routineangelegenheit. Er hat Mozart sehr geschätzt, aber jeder Hof war damals überlaufen von Künstlern, die Stellungen suchten, und Mozart war für den Fürsten einer unter vielen. Um die Behandlung, die Mozart zuteil geworden ist, zu verstehen, muß man sich auch darüber klar sein, daß damals noch nicht die Wertmaßstäbe gegolten haben, die inzwischen festgeschrieben sind. Ein Komponist wie Josef Mislivécek zum Beispiel, den heute kaum mehr jemand kennt, war damals weitaus berühmter als Mozart. Nachdem Mozart Gelegenheit gehabt hatte, dem Kurfürsten vorzuspielen, auch einer Tochter Karl Theodors

Klavierunterricht gegeben hatte, hat der für die Theaterangelegenheiten des kurfürstlichen Hofes zuständige Graf Savioli Mozart monatelang hingehalten, um ihm dann mitzuteilen, daß der Kurfürst leider bedauere ...

Die Residenz am Niederrhein

Der jährliche Umzug des Hofs nach Schwetzingen war eine Routineangelegenheit; ganz anders war es, wenn Karl Theodor seinen Hof nach Düsseldorf verlegte. Düsseldorf war ja die Haupstadt der Herzogtümer Jülich und Berg. Diese Länder hatten die Wittelsbacher im 16. Jahrhundert erheiratet, und Düsseldorf war eine Wittelsbacher Residenz geworden. Karl Theodor hat seine Residenz am Niederrhein insgesamt nur dreimal besucht. Aber auch während solcher befristeten Aufenthalte sollte der Hof angemessen untergebracht werden. Der Kurfürst wollte auch hier entsprechend repräsentieren. Und so hat er in Düsseldorf, ganz in der Nähe des Rheinufers, Schloß Benrath bauen lassen. Nicolas de Pigage war sein Oberbaudirektor, der auch schon in Mannheim und in Schwetzingen für ihn gebaut hatte.

Schloß Benrath ist aber nun aus einem ganz anderen Geist geschaffen als das Stadtschloß von Mannheim. Da ist nichts mehr von der pompösen Würde und dieser erdrückenden Baumasse. Benrath ist der architektonische Ausdruck einer neuen Zeit. Das heroische Zeitalter des Barock, die Zeit Ludwigs XIV., ist vorbei. Die Fürsten wollen jetzt nicht mehr nur ihre Macht demonstrieren und imponieren, sondern sie entdecken, daß auch sie Menschen sind. Sie empfinden das Bedürfnis nach privater Amtosphäre. Bezeichnen-

Gartenfassade von Schloß Benrath bei Düsseldorf, im Auftrag des Kurfürsten Karl Theodor von 1755 bis 1773 erbaut von Nicolas de Pigage.

derweise nennt man ein solches Schloß damals, zum Beispiel auch Sanssouci in Potsdam, eine »maison de plaisance«, also ein Lustschloß.

Entsprechend intim und behaglich werden in der Mitte des 18. Jahrhunderts die Innenräume angelegt, schon sehr bürgerlich, nicht mehr so steif und prunkvoll wie in der Barockzeit.

Verändert hat sich auch die Einstellung zur Kunst. Die Kunst ist nun nicht mehr allein dazu bestimmt, dem Repräsentationsbedürfnis des Herrschers zu dienen, sondern sie soll einen Beitrag leisten zur Veredelung der Sitten, sie soll zur Bildung des Volkes beitragen. So wie in Mannheim für die Wissenschaft, gründet deshalb Karl Theodor in Düsseldorf eine Akademie, an der Bildhauer und Maler ausgebildet werden.

Der erste Direktor dieser Düsseldorfer Akademie, die heute noch besteht, war der Maler der Fresken im Schloß von Benrath, Lambert Krahe. Die Düsseldorfer Akademie war neben der Akademie von München bald die wichtigste Ausbildungsstätte für Künstler in Deutschland. Einer ihrer bedeutenden Direktoren war später der junge Peter Cornelius.

Kurfürst Johann Wilhelm (1658–1716), bekannt als »Jan Wellem«. Reiterstandbild von Gabriel Grupello auf dem Marktplatz von Düsseldorf.

Die Düsseldorfer Galerie

Die Malerei hatte in Düsseldorf schon früh eine große Rolle gespielt. Denn einer der ersten Fürsten aus dem Hause Wittelsbach am Niederrhein, Johann Wilhelm, hat schon um 1700 eine Gemäldegalerie gegründet. Dieser Johann Wilhelm ist als Jan Wellem in der Geschichte der Stadt und des Landes eine volkstümliche Gestalt geworden. Sein Reiterstandbild auf dem Marktplatz gehört zu den vertrauten Erscheinungen der Stadt Düsseldorf. Die Plastik stammt von Gabriel de Grupello, aus der Zeit um 1700, also dem Hochbarock; das ist neben Schlüters Standbild des Großen Kurfürsten in Berlin das bedeutendste Reiterstandbild des Barock in Deutschland.

Eines der schönsten Bilder aus dem Besitz des Kurfürsten Johann Wilhelm ist die Heilige Familie Canigiani von Raffael. Das Bild heißt so, weil es im Auftrag des Florentiner Adligen Canigiani entstanden ist. Nach Düsseldorf ist dieses Bild als Brautgut gekommen. Die zweite Frau des Kurfürsten Johann Wilhelm war die Tochter des letzten Großherzogs von Florenz, aus dem Hause Medici, und sie hat dieses Bild nach Düsseldorf mit in die Ehe bekommen.

Heute hängt die Heilige Familie Canigiani in München in der Alten Pinakothek. Wie sie dahin gekommen ist, das ist eine Geschichte für sich. 1777 ist der Kurfürst von Bayern Max III. Joseph gestorben, ohne Kinder zu hinterlassen. Damit war sein Vetter Karl Theodor von der Pfalz Erbe von Kurbayern geworden. Noch in der gleichen Nacht, in der er die Nachricht in Mannheim erhalten hat, ist er nach München aufgebrochen, um die Erbschaft anzutreten. Er hat sofort den gesamten Hofstaat nach München befohlen, und im Lauf der Zeit auch die Überführung fast des gesamten Kunstbesitzes.

»Die Heilige Familie Canigiani« von Raffael.

Dabei hat auch eine große Rolle gespielt, daß die Wittelsbacher Besitzungen am Rhein, also die Pfalz und Jülich und Berg am Niederrhein, in den Kriegen im Anschluß an die Französische Revolution zeitweilig von französischen Truppen besetzt wurden, von den Soldaten des revolutionären Frankreich. Und da lag es natürlich nahe, alle die Kostbarkeiten nach München transportieren zu lassen. So ist die Düsseldorfer Gemäldegalerie nach München gekommen. Darunter so großartige Werke wie die »Landschaft mit Regenbogen« von Rubens, das »Bildnis eines jungen Mannes« von Tizian, ein »Junger Spanier in schwarzer Kleidung« von Velazquez, »Die Kreuzaufrichtung«, »Die Kreuzabnahme« und »Die Grablegung« von Rembrandt und »Die Liebeskranke« von Jan Steen, um nur einige der herausragenden Werke zu nennen.

Der Englische Garten

Karl Theodor war in München und in Bayern nicht beliebt. Und auch er hat sich nicht wohlgefühlt, hat in Nymphenburg immer an seine Schlösser in Mannheim und Schwetzingen denken müssen, an das mildere Klima der Pfalz, die umgänglicheren Menschen, die Fröhlichkeit und die lebenslustige Art der Pfälzer und der Rheinländer. Am liebsten wäre es ihm gewesen, wenn er Bayern und seine schwerfälligen Bewohner gegen ein anderes Land hätte tauschen können, gegen das österreichische Belgien zum Beispiel. Die Österreicher hätten dafür Bayern bekommen können. Dagegen hat sich aber in München ein Sturm der Entrüstung erhoben, massiver Widerstand, man hat den König von Preußen zur Hilfe gerufen. Man kann sich denken, wie das dem Ansehen Karl Theodors geschadet hat. Er war nicht nur nicht beliebt, sondern geradezu verhaßt.

Da hat es auch nichts genützt, daß der Kurfürst ein Werk in Auftrag gegeben hat, das wir heute als die schönste Erbschaft aus dieser Zeit empfinden, den Englischen Garten in München. Das war ursprünglich ein Auengelände, immer wieder von der nahen Isar überschwemmt, ein Jagdrevier des kurfürstlichen Hofs, eine Viehweide für die Kühe der Schwabinger Bauern. 1789 hat nun ein Mann, der damals bei Karl Theodor sehr viel gegolten hat, Benjamin Thompson, Graf Rumford, ein Amerikaner, bayerischer Staatsrat und Generalleutnant, dem Kurfürsten eingeredet, daß man hier sehr gut einen Militärgarten anlegen könne. Damit die Soldaten der Garnison nicht so herumlungern, sollten sie den Gartenbau lernen, auch das Schanzen beim Trockenlegen der Sümpfe. So wurde es dann auch angeordnet. Es entstanden zuerst lauter kleine Parzellen, wie Schrebergärten. Die Soldaten haben sich beschwert, daß sie arbeiten müssen wie Taglöhner, in der größten Hitze, und daß sie keine freie Zeit mehr haben.

Auch um dieser Mißstimmung entgegenzuwirken, faßt Karl Theodor den Entschluß, anschließend an den Militärgarten einen Volkspark anzulegen, einen Bürgergarten, in dem die Münchner spazierengehen könnten. Das Spazierengehen war damals, am Ende des 18. Jahrhunderts, ja Mode geworden, im Zusammenhang mit der Naturschwärmerei der damaligen Dichter. Im August 1789, zur gleichen Zeit, als in Paris die Revolution ausbricht, wird in München mit der Anlage des Parks begonnen.

Als künstlerischen Berater läßt der Kurfürst seinen Hofgärtner aus Schwetzingen kommen, Friedrich Ludwig Sckell, den gleichen, der schon die neuen Teile im Park von Schwetzingen geplant hatte. Sckell war in England gewesen und hatte die königlichen Gärten von Kew studiert. Für ihn stand fest, daß hier nur ein Park im englischen Stil in Frage kommen könne. Dabei ging es darum, das vorhandene Naturbild möglichst zu schonen, die Bäche, die Baumgruppen und Büsche mit in den neuen Plan einzubeziehen.

Sckell schildert, wie er mit einem langen Stock durch die Au gegangen ist, um den Verlauf der Hauptwege zu markieren. Der Englische Garten ist ganz aus der Anschauung und aus dem natürlichen Gelände entwickelt. Die Arbeiten wurden mit der größten Energie betrieben: Während des Winters hat man große Bäume mit Frostballen bis aus Schwetzingen herbeigeführt, Wege angelegt, Brücken gebaut; weite Wiesenflächen entstanden und Tausende von Büschen wurden an die Ränder gepflanzt. Schon im Mai des darauffolgenden Jahres, 1790, war es soweit, daß der Kurfürst eine Besichtigungsfahrt unternehmen konnte.

Er war ganz entzückt von den malerischen Situationen, die sich ihm da boten, den Fernsichten und Durchblicken, der lichten Weite, den natürlichen Linien, den ruhigen Massen großer Bäume, dem Kontrast großer Wiesenflächen und einzelstehender Bäume, den Wasserläufen und der Halbinsel. Als Überraschung war ein Bauwerk errichtet worden, ein Aussichtsturm im chinesischen Stil, der Chinesische Turm, der schnell zum Wahrzeichen des Englischen Gartens geworden ist. Der Kurfürst ist auf den Turm gestiegen und hat sich die Aussicht erklären lassen; an Föhntagen sieht man von da aus sehr gut das Gebirge. Damit die Spaziergänger nicht Hunger und Durst leiden, war auch gleich ein Gasthaus mitgebaut worden, ebenfalls im chinesischen Stil.

Man soll nicht glauben, daß die Münchner von diesem Park gleich sehr begeistert waren. »Zu was brauchts so was«, war ihr Kommentar. Sie hielten diesen Aufwand für ganz überflüssig, und noch Jahrzehnte später wird berichtet, wie der Garten menschenleer daliege und nur hie und da jemand gesehen wird, der schnell hindurchläuft, auf dem Weg ins nächste Wirtshaus. Dem Kurfürsten aber hat sein Volkspark so sehr gefallen, daß er 1795, als er ein zweites Mal geheiratet hat, in diesem seinem neuen Park ein großes Gartenfest hat arrangieren lassen, bei dem abends der ganze Park festlich beleuchtet wurde.

Die bayerische Erbschaft

Die Heirat des über siebzigjährigen Karl Theodor mit der erst siebzehn Jahre alten Erzherzogin Maria Leopoldine von Österreich-Este zu Modena war ein politischer Schachzug. Karl Theodor hatte aus seiner ersten Ehe keine Kinder. Seine Länder wären also nach seinem Tod einem Wittelsbacher aus einer Nebenlinie zugefallen, dem Herzog von Zweibrücken, der nach den Hausgesetzen der Erbberechtigte war. Überdies war aber zu befürchten, daß Österreich Heimfallrechte geltend machen würde und der Kaiser einen Teil der Wittelsbachischen Länder, die ja kaiserliche Lehen waren, an sich zu ziehen versuchen werde. Beides wollte Karl Theodor verhindern. Deswegen also diese Heirat. Der Plan wäre auch fast aufgegangen, denn als der Kurfürst 1799 starb, war die junge Kurfürstin tatsächlich schwanger. Der Vetter in Zweibrükken, Pfalzgraf Max Joseph, mußte um sein Erbe bangen. Die Frage war nur, wer der Vater des zu erwartenden Kindes war, der alte Kurfürst oder ein junger Geliebter der Kurfürstin. Das Protokoll schrieb nach dem Tod eines Regenten die offizielle Frage an die Witwe vor, ob sie Nachwuchs erwarte. Was sie darauf antwortet, ist entscheidend dafür, wer künftig Regent in den Wittelsbachischen Ländern sein würde. Alles hängt davon ab, wie sich die junge Kurfürstenwitwe erklärt. Eine Angelegenheit von höchster Spannung.

Herzog in Bayern

Eine entscheidende Rolle am Münchner Hof hat in den letzten Jahren der Regierungszeit des Kurfürsten Karl Theodor ein jüngerer Verwandter gespielt, Herzog Wilhelm von Birkenfeld-Gelnhausen. Der war mit Karl Theodor aus der Pfalz nach Bayern gekommen, hatte sich dort verheiratet und die Stadtresidenz von Landshut als Wohnsitz zugewiesen bekommen. Die im Louis-Seize-Geschmack eingerichteten Birkenfeld-Zimmer dort erinnern noch heute an die Zeit, die dieser Wittelsbacher dort verbracht hat. Mit ihm war 250 Jahre nach der Erbauungszeit zum ersten Mal wieder Leben in die Landshuter Stadtresidenz eingezogen.

Dieser Herzog Wilhelm allerdings hat von Landshut aus den Münchner Hof wie ein Detektiv beobachtet und alles, was er erfahren konnte, sofort seinem Schwager Max Joseph in Zweibrücken berichtet, dem voraussichtlichen Erben Karl Theodors. Diese Spionage war unter anderem ein Grund dafür, warum der Plan vereitelt wurde, Bayern an Österreich abzutreten und dafür die österreichischen Niederlande einzutauschen. Das hätte Karl Theodor ermöglicht, eine Art burgundisches Zwischenreich zwischen Frankreich und dem deutschen Reich zu schaffen, mit der Pfalz, den Herzogtümern Jülich und Berg und eben den Niederlanden mit der Hauptstadt Brüssel. Max Joseph dagegen wollte das bayerische Stammland der Wittelsbacher auf keinen Fall aufgegeben wissen.

Und nun war also die langerwartete Stunde gekommen: Karl Theodor war gestorben und Herzog Wilhelm aus Landshut sofort in München erschienen, um die Ansprüche seines Schwagers Max Joseph zu vertreten. Die entscheidende Frage an die Kurfürstenwitwe Maria Leopoldine, ob sie ein Kind erwarte, hat Herzog Wilhelm gestellt. Und die Antwort lautete: »Nein, ich erwarte kein Kind.« Und das, obwohl sich bald herausstellen sollte, daß sie doch in der Hoffnung war. Die junge Frau wollte aber unbedingt ihren Geliebten heiraten, einen Grafen Arco, was sie später auch getan und damit die Linie der Grafen Arco-Stepperg begründet hat. Eine solche nicht standesgemäße Heirat hätte, wäre sie die Mutter des regierenden Kurfürsten gewesen, große Etiketteprobleme aufgeworfen. Da hat sie lieber für ihr Kind auf den Thron verzichtet. So jedenfalls hat man sich in der Folgezeit ihr Verhalten zu erklären versucht, dem Max Joseph und damit die Zweibrücker Linie die Erbfolge verdankt. Die Kurfürstenwitwe war immer gut gelitten am Münchner Hof. Noch König Ludwig I. hat bei Gelegenheiten nicht versäumt, in ihrer Gegenwart auszusprechen, daß sein Haus niemand anderem als ihr den Thron verdanke. Maria Leopoldine ist mit 72 Jahren erst im Revolutionsjahr 1848 gestorben. Auf einer Reise nach Italien ist die Deichsel eines entgegenkommenden Salzfuhrwerks, dessen Pferde durchgegangen waren, durch ihre Kutsche gestoßen worden und hat sie tödlich verletzt.

Herzog Wilhelm hat von seinem Schwager Max Joseph die ehemalige Residenz des Fürstbischofs von Bamberg zugewiesen bekommen, die ja seit 1803, seit der Säkularisation, leerstand. Als Sommersitz hat er sich das ehemalige Benediktinerkloster Banz gekauft. Er hatte es 1808 auf der Rückreise vom Fürstenkongreß in Erfurt entdeckt, hoch über dem oberen Maintal, und sich dabei in die Anlage verliebt. Seinem Kauf ist es zu verdanken, daß das Kloster nicht verschwunden ist; einzelne Trakte waren nämlich bereits auf Abbruch an Bauern der Umgebung verkauft, die auch schon begonnen hatten, abzureißen, um Baumaterial zu gewinnen. Herzog Wilhelm hat nicht nur die abgebrochenen Teile wieder aufbauen sondern die Anlage auch durch den Bau eines Marstalls erweitern lassen. Dieser wurde aber 1980, nachdem Banz in den Besitz der Hanns-Seidel-Stiftung für politische Bildung übergegangen ist, abgebrochen. Der Herzog hatte angeordnet, daß sein Herz nach seinem Tod (er ist 1837 gestorben) in einem Pfeiler der Klosterkirche eingemauert werden soll, wo eine Gedenktafel an den Begründer der herzoglichen Linie »in Bayern« erinnert.

Den Titel »Herzog in Bayern« hatte Wilhelm von seinem Schwager Max Joseph in einer Hausabmachung zugestanden bekommen, die 1799, mit dem Tod des Kurfürsten Karl Theodor, in Kraft trat. Seitdem gibt es neben der herzoglichen Linie »von Bayern«, die sich von Max Joseph herleitet, die Linie »in Bayern«. Ihr bekanntester Vertreter ist der Enkel Herzog Wilhelms, Herzog Maximilian, der »Zither-Maxl«, der sich durch die Förderung der bayerischen Volksmusik bis heute nachwirkende Verdienste erworben hat. Er hatte in Bamberg den Wiener Zithervirtuosen Johann Petzmayer kennengelernt und dabei ein solches Gefallen an diesem Instrument gefunden, daß er den Musiker in seine Dienste nahm. Er erlernte selbst das Zitherspielen und gab öffentliche Konzerte, eines davon kurioserweise auf einer Orientreise in Kairo. Diese Orientreise wurde in einem bebilderten Album festgehalten und publiziert; erst 1978 ist es wieder neu aufgelegt worden. Wichtig für die bayerische Volksmusik ist das kleine Bändchen »Oberbayerische Volkslieder und ihre Weisen«, das Herzog Maximilian 1846 veröffentlichen und unter der Bevölkerung verteilen ließ. Das Büchlein wurde zum bayerischen Vorläufer aller der Volkslied- und Volksmusiksammlungen bis hin zum »Kiem Pauli« in unserem Jahrhundert.

Infolge einer Erbschaft übernahm die Familie der Herzöge in Bayern in der Mitte des 19. Jahrhunderts das ehemalige

Herzog Maximilian in Bayern, der »Zithermaxl«.

Kloster Tegernsee, das Max I. Joseph seiner Frau Karoline als Sommersitz gekauft hatte. Seitdem lebte die herzogliche Familie, der damals auch das Schloß Possenhofen am Starnberger See gehörte, am Tegernsee. In München hat Herzog Maximilian sich von Klenze ein großartiges Palais bauen lassen, mit einer eigenen Manege, wo er und seine Tochter Sissy, die spätere Kaiserin Elisabeth von Österreich, gemeinsam Hohe Schule ritten. Das Palais wurde während des Dritten Reiches abgebrochen. Heute steht an seiner Stelle das Gebäude der Bayerischen Landeszentralbank. Im Inneren haben sich jedoch noch Reste der ehemaligen Ausstattung erhalten, z.B. ein Relieffries von Ludwig Schwanthaler.

Die Könige aus Zweibrükken

Bayern wird Königreich

Am 1. Januar 1806 verkündet der Reichsherold in den Straßen Münchens, daß Kurfürst Maximilian IV. Joseph den Titel »König von Bayern« angenommen habe. Er nannte sich von da an König Maximilian I. Joseph. Die Kroninsignien des neuen Königreichs wurden in Paris angefertigt, von Martin Guillaume Biennais und seinen Werkstattgehilfen. Zu den Insignien, die heute in der Schatzkammer der Münchner Residenz ausgestellt sind, gehören die Königskrone auf dem erst 1980 wieder aufgefundenen Paradekissen, die Krone der Königin, der bayerische Reichsapfel, das Szepter, das Reichsschwert mit dem dazugehörigen Wehrgehänge und ein Siegelkasten. Die Insignien symbolisieren die durch die Rheinbundakte vollzogene Souveränität Bayerns nach dem Erlöschen des Heiligen Römischen Reichs deutscher Nation, dessen Vasall der bayerische Herrscher bis dahin gewesen war.

Der neue bayerische König war ein persönlich anspruchsloser Mann, dem wenig an Repräsentation gelegen war. Einen Krönungsakt hat er zu vermeiden gewußt. Der Krönungsmantel, der auf Betreiben Napoleons ebenfalls aus Paris geliefert wurde, kam nur zu den Sitzungen für das offizielle Königsporträt von Joseph Stieler in Gebrauch. Die Kroninsignien wurden erstmals am 4. Februar 1819 bei der Eröffnung der Ständeversammlung in Funktion genommen, wo die

Krone symbolisch im neuen Krönungswagen, den Max Joseph von seinem Hofkarossier Ginzrot hatte anfertigen lassen, zu dem Gebäude gefahren wurde, in dem die Volksvertretung tagte. Dieser Wagen befindet sich jetzt im Marstallmuseum im Schloß Nymphenburg.

Seinem Stil, aber auch der infolge der Kriege schlechten Finanzlage entsprechend, hat Max Joseph darauf verzichtet, eine der neuen Stellung Bayerns entsprechende Residenz bauen zu lassen. Einen angemessenen Ausdruck fand die Erhebung zum Königreich und die neue Rolle Münchens als Haupt- und Residenzstadt eines nun bedeutend vergrößerten, souveränen Staates aber im Bau eines Hof- und Nationaltheaters durch den Architekten Karl Fischer. Das Vorbild dafür ist das Théâtre de l'Odéon in Paris, das auf Max Joseph so großen Eindruck gemacht hatte, daß er eine genaue Kopie wünschte. Weil aber in München, im Gegensatz zu Paris, bedeutend mehr Zuschauerplätze vorgesehen werden sollten (das Theater faßt annähernd 2000 Menschen), mußte Fischer doch wesentliche Änderungen vornehmen. Geblieben ist aber der majestätische, einen hohen Anspruch und feierliche Würde ausstrahlende Gesamteindruck, den der Architekt vor allem durch die durch die Stockwerke durchlaufenden Kollossalsäulen zu seiten der Bühne sowie durch die zurückhaltende Farbgebung in gebrochenem Weiß, in Gold und Rot erzielte.

Der Theaterbau ist infolge der Kriegsereignisse lange im Rohbau liegengeblieben. Der Architekt ist, auch infolge vielfacher Anfeindungen seiner Widersacher am Hof, darüber gestorben. 1823 hat dann ein Brand das gerade erst fertiggestellte Opern- und Schauspielhaus zerstört. Es wurde aber sofort unter der Leitung von Leo Klenze wieder aufgebaut, der sich dabei getreu an die Pläne seines Vorgängers Karl Fischer gehalten hat. Nach der fast völligen Zerstörung im

Die Königskrone, um 1806 von Martin-Guillaume Biennais in Paris für König Max I. Joseph angefertigt. Als oberer Abschluß war ein 36karätiger Diamant vorgesehen, der »Blaue Wittelsbach«, der als Brautschatz der Kaisertochter Maria Amalia 1722 nach München gekommen war. Er wurde jedoch in der Krone durch einen Glasstein ersetzt.

Zweiten Weltkrieg ist das Münchner Nationaltheater am 23. November 1963 wieder erneut eröffnet worden, mit einer Festaufführung der »Meistersinger«. Bedeutsam für die Entwicklung des Theaterbaues ist das Münchner Opernhaus insofern, als Max I. Joseph ausdrücklich kein für die Zwecke der Hofgesellschaft eingerichtetes Theater mit einzelnen Logen wünschte, sondern einen Zuschauerraum mit umlaufenden Rängen, die der gewandelten Bestimmung des Theaters als einer öffentlichen Einrichtung entsprechen sollten. Nur die Königsloge in der Mitte des Balkons ist deutlich vom übrigen Zuschauerraum abgehoben.

Während der Regierungszeit des ersten bayerischen Königs konnte wegen der Kriege und der Kriegsfolgen nur wenig gebaut werden. Trotzdem geschieht in den 25 Jahren der Regierung Max I. Joseph etwas für München ganz entscheidendes: eine großzügig geplante Stadterweiterung, die richtungweisend für die weitere Entwicklung ist. Die Pläne dafür stammen von Karl Fischer. Schon unter Kurfürst Karl Theodor waren die Ringmauern der Stadt geschleift worden, die bis dahin jede städtebauliche Entwicklung gehindert hatten. Fischer konnte nun, auf Grund der dadurch gewonnenen Freiheit, ein ganzes neues Viertel planen, entlang der nach Nymphenburg in westlicher Richtung verlaufenden Straße, der heutigen Briennerstraße. Sein Plan sah eine Abfolge von geschlossenem Straßenraum mit regelmäßigen Erweiterungen durch forumartige Platzanlagen vor, den Wittelsbacherplatz, den Karolinenplatz; das Ende dieser neuen Straße wählt Kronprinz Ludwig, der Sohn Max I. Joseph, dann als Standort für das Gebäude, das er für seine Antikensammlung errichten lassen will: die Glyptothek. Später wird dieser Platz zu einem antiken Forum gestaltet, mit dem Ausstellungsgebäude für zeitgenössische Kunst von Georg Friedrich Ziebland, das heute einen Teil der Antikensammlungen enthält und den Propyläen als westlichen Abschluß.

Ein Königreich der Kunst

Den Herbst 1826 hat der bayerische Kronprinz Ludwig, wie viele Jahre vorher auch, mit seiner Familie in Franken verbracht, im Schloß von Aschaffenburg, und später in Brückenau. Dort wird der Kronprinz in der Nacht zum 13. Oktober 1826 geweckt: Aus Würzburg ist der Oberst des dort stationierten Garderegiments in einem Gewaltritt nach Brückenau gekommen und hat verlangt, mit einer Nachricht von äußerster Dringlichkeit sofort vorgelassen zu werden: »Euer Majestät melde ich alleruntertänigst, daß Seine Majestät, der vormalige König, Ihr Herr Vater, dahingeschieden ist.« König Max I. Joseph war am Morgen in Schloß Nymphenburg tot in seinem Bett aufgefunden worden. Am Abend vorher hatte er noch einen Ball besucht. Der Tod war ganz überraschend gekommen.

Ludwig war nun, mit 40 Jahren, König von Bayern: ein temperamentvoller, ideal gesinnter, zum Autoritären neigender, unendlich fleißiger Mann. In den folgenden zwei Jahrzehnten hat er ganz Bayern ein neues Gesicht gegeben, nicht nur der Hauptstadt. Eine seiner ersten Regierungsmaßnahmen war die Anordnung, daß in Bad Brückenau ein neues Kursaalgebäude gebaut werde. Der biedermeierlich antikisierende Bau, begonnen 1827, läßt ahnen, was auf das Land nun zukommt.

Ludwig I. hatte eine hohe Meinung vom Beruf eines Regenten und fand, daß das Staatsoberhaupt eines souveränen Königreichs von der Größe und Bedeutung Bayerns über eine angemessene Residenz verfügen müsse. Darüber hatte er sich schon als Kronprinz mit dem von ihm bevorzugten Architekten Leo Klenze verständigt. Als Vorbild schwebte den beiden die Großartigkeit und die Einfachheit florentinischer Paläste vor. So ist es gekommen, daß gleich nach dem Regierungsantritt Ludwigs I. in München der Königsbau der Münchner Residenz begonnen wurde, ein Palast, der ganz dem Palazzo Pitti der Medici in Florenz nachempfunden ist.

Größe und Strenge wünschte der König auch im Innern. Eine Möblierung, die den Raumproportionen, den Wanddekorationen und den reich eingelegten Fußböden nichts von ihrer Wirkung nimmt. Nach neunjähriger Bauzeit, rechtzei-

Einer der Wohnräume König Ludwigs I. im Königsbau der Münchener Residenz; Wanddekorationen und Möbel von Leo von Klenze (Aufnahme vor der Zerstörung im Zweiten Weltkrieg).

tig zur Silberhochzeit des Königspaares, waren der Bau und die Inneneinrichtung fertig. Ludwig war von dem, was Klenze da geschaffen hatte, so begeistert, daß er im Mantel durch die Räume Walzer getanzt hat. Die Königin Therese sah ihre neue Wohnung nüchterner. Sie fand die Räume kalt und ungemütlich. Die Schwester des Königs, die Herzogin von Leuchtenberg, urteilte ähnlich: »Superb, aber es gibt keine Räume, um sich zu entspannen. Alles ist groß und streng.«

Die neuen Räume im Königsbau (der im Festsaalbau an der Nordseite des Residenzkomplexes ein Pendant mit einem großen Thronsaal erhielt, dem heutigen Herkulessaal) entsprachen der Vorliebe des Königs für das Klassische, für die edle Strenge des Altertums.

Glyptothek und Aegineten

Als Kronprinz hatte Ludwig auf seiner ersten Italienreise in Venedig zum ersten Mal antike Skulpturen gesehen. Daraufhin hat er begonnen, griechische und römische Plastik zu sammeln. Dabei gelang es ihm, Meisterwerke zu kaufen, wie den Apoll von Tenea aus der frühgriechischen, der archaischen Zeit, den Schlafenden Satyr aus dem Palazzo Barberini in Rom, der danach der Barberinische Faun genannt wird, ein Werk der griechischen Spätzeit, des Hellenismus, das Medusenhaupt aus dem Palazzo Rondanini in Rom, eine Kopie nach dem griechischen Bildhauer Phidias, oder, um noch ein Beispiel zu nennen, den Jünglingskopf in Bronze, eine römische Kopie nach einer griechischen Porträtskulptur.

Die Kunstschätze, die der Kronprinz erwarb, sollten nicht

mehr, wie noch in der Barockzeit, dem persönlichen Genuß des Fürsten und der Steigerung seines Ansehens dienen, sondern der Erziehung des Volkes. Ludwig war überzeugt, daß der Anblick des Schönen und des Außerordentlichen die Menschen bessern, bilden und veredeln müsse. Für dieses Ziel hat sich der junge Kronprinz in große Schulden gestürzt, die seinem Vater verheimlicht werden mußten. Er war bereit, etwas zu wagen, vor allem, wenn sich ihm die Möglichkeit bot, etwas Außergewöhnliches zu erwerben.

Das war der Fall, als es um den Kauf der Aegineten ging. Im Juni 1811 teilte die »Augsburger Allgemeine Zeitung« ihren Lesern mit, daß auf der Insel Aegina im Ionischen Meer 17 Skulpturen von den Giebeln eines antiken Tempels gefunden worden seien. Wenig später hieß es, daß diese Bildwerke öffentlich versteigert werden sollen. Das war eine nie mehr wiederkehrende Gelegenheit. Der Kronprinz hat sofort seinen in Rom lebenden Kunstagenten, den Würzburger Bildhauer Johann Martin Wagner, in Marsch gesetzt. Der hatte die unglaublichsten Abenteuer zu bestehen. Um aus Neapel herauszukommen, dessen Grenzen wegen der von Napoleon verhängten Kontinentalsperre geschlossen waren, hat er sich einer Gruppe Eseltreiber angeschlossen und beim Passieren des Grenzpostens kräftig auf die Esel eingeschlagen, um ohne Paß durchgelassen zu werden. An der Ostküste war es dann schwer, einen Kapitän zu finden, der bereit war, zu den griechischen Inseln zu segeln. Das Mittelmeer war voller Seeräuber. Endlich angekommen, wurde Wagner dann in Quarantäne genommen und erst in letzter Minute freigekämpft. Es ging um Stunden. Als Wagner dann doch rechtzeitig auf Zakynthos eintraf, wo die Versteigerung angesetzt war, mußte er hören, daß die Plastiken inzwischen nach Malta verbracht worden seien, um sie dem Zugriff der türkischen Regierung zu entziehen. Malta war damals bereits unter englischem

Schutz. Wagner sollte also bieten, ohne die Ware gesehen zu haben. Dabei ging es immerhin um einen Betrag, der nach heutiger Währung in Millionenhöhe liegt. Der Kronprinz hatte ihm eingeschärft, unter allen Umständen zu kaufen, auch wenn ihm der Preis überhöht erscheinen sollte. Allerdings nur unter der Bedingung, daß die Skulpturen wirklich von erster Qualität seien. Wie aber das feststellen? Wagner hat schließlich unter Vorbehalt geboten und den Zuschlag erhalten. Als er dann Gelegenheit hatte, die Marmorfiguren zu begutachten, stand sein Urteil sehr schnell fest. Das war nicht erste, sondern allererste Qualität, aus der archaischen Periode, der griechischen Frühzeit.

In sechzig Kisten verpackt sind die Aegineten dann auf dem Seeweg nach Neapel und von da über die Alpen gekommen. Der dänische Bildhauer Berthel Thorwaldsen wurde beauftragt, fehlende Stücke zu ergänzen. In dieser ergänzten und nach Meinung heutiger Fachleute verfälschten Form haben die Münchner die Aegineten dann 1834 bei der Eröffnung der Glyptothek kennengelernt. Mit dem Erwerb dieser Figuren vom Ost- und Westgiebel des Aphaiatempels auf Aegina aus der Zeit um 500 vor Christus hatte München als Sammlungsort antiker Plastiken dem Louvre in Paris den Rang abgelau-

Die Glyptothek in München, Entwurfzeichnung von Leo Klenze.

fen. Einzig das Britische Museum in London mit seinen Reliefs vom Fries des Parthenon konnte damals mit der bayerischen Hauptstadt konkurrieren.

Die Antikensammlung des Kronprinzen ist so angewachsen, daß sich Ludwig entschließt, dafür ein eigenes Gebäude errichten zu lassen, das er, aus dem Griechischen abgeleitet, Glyptothek nennt, Skulpturensammlung. Der Kronprinz ließ dafür mehrere Entwürfe ausarbeiten. Derjenige von Leo Klenze entsprach am meisten seinen Vorstellungen und wohl auch dem Geschmack der Zeit: ein flachgehaltenes Gebäude, einfach und doch monumental, reich gegliedert aber gleichzeitig zurückhaltend, streng und anmutig. Mit diesem Gebäude schuf Ludwig I. das erste, eigens errichtete, öffentlich zugängliche Museum Deutschlands.

Die Nazarener

Die Begeisterung des Kronprinzen für die Antike war auf den Italienreisen geweckt worden, die er schon als junger Mann unternommen hatte. In Rom hat er mit den dort lebenden Künstlern verkehrt. Der Maler Franz Catel hat die Gesellschaft beim Besuch einer Weinschenke porträtiert, den Kronprinzen, den Bildhauer Thorwaldsen, Klenze, Wagner, Philipp Veit, Ludwig Schnorr von Carolsfeld und Herren der Begleitung. Das Haupt dieses Künstlerkreises in Rom war der aus Düsseldorf stammende Maler Peter Cornelius. Ihn berief Ludwig I., kurz nachdem er König geworden war, als Direktor der Kunstakademie nach München. Cornelius hatte unter dem Eindruck altdeutscher Malerei einen flächenhaften, die Umrißlinie betonenden Stil entwickelt, der im star-

Kronprinz Ludwig von Bayern (zweiter von links) in der spanischen Weinschenke auf Ripagrande in Rom in Gesellschaft von Künstlern, 1824 gemalt von Franz Ludwig Catel.

ken Gegensatz zur Malerei der Romantik und des schon am Ende des 18. Jahrhunderts aufkommenden Realismus stand. Unter König Max I. Joseph war in München neben der Schlachtenmalerei Kobells vor allem die Landschaftsmalerei entwickelt worden, die damals in Bayern mit bedeutenden Talenten vertreten war. Max I. Joseph, der zwar insgesamt an der Kunst keinen übermäßigen Anteil nahm, hat regelmäßig Werke von Johann Jakob Dorner d. Ä., Georg von Dillis, Max Josef Wagenbauer, Friedrich Voltz, Wilhelm von Kobell, Peter Heß und Simon Warnberger gekauft und diesen Künstlern damit zu offiziellem Ansehen verholfen. Ludwig I. beauftragt nun, ganz im Gegensatz dazu, Peter Cornelius mit der Ausmalung der neuen Kirche, die den Namen des

Königs tragen soll, der Ludwigskirche. Damit kommt der Stil der sakralen Monumentmalerei des Mittelalters und der Renaissance zu neuen Ehren, eine bis dahin nicht nur vergessene, sondern auch verachtete Kunst, die durch den Barock und den Klassizismus völlig überdeckt war. Cornelius schuf nun mit dem Fresko der Chorwand der Ludwigskirche, einem Jüngsten Gericht, in dem auch Ludwig I. porträtiert ist, das in seinen Dimensionen damals größte Wandbild der Welt. Er hatte sich nichts geringeres vorgenommen, als mit Michelangelo in Konkurrenz zu treten.

Via Triumphalis

Die Ludwigskirche, die Ludwig I. dem Stadtmagistrat von München als neue Pfarrkirche zu bauen in Auftrag gab, war Bestandteil des großangelegten Bauprogramms Ludwigs I. für seine Hauptstadt und Teil der geplanten Prachtstraße, die ebenfalls seinen Namen tragen sollte, die Ludwigstraße. Einer der ersten Bauten, die der König nach seinem Regierungsantritt ausgeführt sehen wollte, war ein öffentlicher Konzertsaal. Dem Plan lag der Wunsch zugrunde, einen Ort zu schaffen, an dem sich der Hof und die Gesellschaft fern von den in der Residenz herrschenden Konventionen begegnen könnten. Das Odeon, das damals entstand, ist im Zweiten Weltkrieg zerstört und nicht wieder aufgebaut worden. Der Raum besteht fort als Innenhof des Bayerischen Innenministeriums am Odeonsplatz. Dieses Konzertsaalgebäude war als Pendant zu dem Palais des Herzogs von Leuchtenberg geplant, das Klenze an der gegenüberliegenden Seite errichtet hatte (heute Bayerisches Finanzministerium).

Ludwigskirche, Universitätsgebäude und Siegestor in München.

Die Anlage einer Prachtstraße, wie sie dem König vorschwebte, war aus den Mitteln der Kabinettskasse nicht zu finanzieren. Ludwig I. hat deshalb nach Bauträgern gesucht. Dabei war es nicht leicht, in dem vergleichsweise bescheidenen München mit seiner geringen wirtschaftlichen Kraft private Bauherren zu finden, die bereit waren, ein Wohngebäude im Stil eines florentinischen Palastes aufzuführen. Denn den Stil hatte Ludwig I. vorgeschrieben. Bald mußte die öffentliche Hand einspringen. So entstanden entlang der Ludwigstraße nacheinander das Kriegsministerium, für das Klenze einen antikisierenden, feingegliederten Bau entwarf und die Staatsbibliothek, die zugleich das Reichsarchiv zu beherbergen hatte. Hier konnte der zweite bedeutende Architekt im damaligen München, Friedrich Gärtner, seine Fähigkeiten entfalten. Er ist ganz anders eingestellt als Klenze, verläßt sich ganz auf die Wirkung einer aufs Äußerste gesteigerten Monumentalität. Der König selbst war betroffen, als er den geradezu zyklopischen und doch äußerst beherrscht gegliederten Bau und die überwältigende Anlage des Treppenhauses emporwachsen sah: »Was werden die Leute sagen, wenn sie das sehen«, soll er sich überschwenglich geäußert haben.

Der Nordteil der Ludwigstraße ist vornehmlich der Bildung gewidmet. Ebenfalls von Gärtner entworfen steht da das Georgianum, ein Priesterseminar, ihm zur Seite das Max-Joseph-Stift, ein Mädchen-Erziehungsinstitut. Beide Gebäude dienen heute der Universität, deren Haupttrakt die andere Seite der hier zum Platz erweiterten Straße einnimmt. Das Universitätsgebäude sollte den hohen Anspruch auch äußerlich ausdrücken, den diese Bildungsanstalt in der Vorstellung der Menschen des 19. Jahrhunderts gehabt hat.

Die Ludwigstraße war in den dreißiger und vierziger Jahren des 19. Jahrhunderts die größte Baustelle Europas. Wer damals nach München kam, war überwältigt von dem, was da entstand. »Was man da in München sieht, übersteigt die ausschweifendste Einbildungskraft. Man begreift nicht, wie ein Mann kalten Blutes die Idee fassen kann, all das zugleich zu unternehmen, was der König bauen und tun läßt [. . .] Man baut in diesem Augenblick das Palais [den Königsbau und Festsaalbau der Residenz], die Bibliothek, die Universität, und vier ungeheure Kirchen [Ludwigskirche, Allerheiligenhofkirche von Leo Klenze, St. Bonifaz von Georg Friedrich Ziebland und Mariahilf in der Au von Joseph Daniel Ohlmüller]. Dabei sind das nicht etwa kleine Unternehmungen, alles ist gewaltig groß«, schreibt der österreichische Staatskanzler Fürst Metternich 1837 während seines Besuchs in München an seine Frau nach Wien.

Als Abschluß der Via Triumphalis bestimmte der König ein Tor, eine Nachbildung des spätantiken Konstantinbogens in Rom, als Siegestor eine Erinnerung an die Befreiungskriege gegen das napoleonische Frankreich. Am anderen, der Stadt zugewandten Ende der Straße ließ der König die Feldherrnhalle errichten mit den Standbildern der bayerischen Generäle Tilly und Wrede aus dem Dreißigjährigen Krieg und den Befreiungskriegen, eine Nachbildung der Loggia dei Lanzi in Florenz. Das Siegestor und die Feldherrnhalle sind repräsentative Schauarchitekturen mit der Absicht, städtebauliche Akzente zu setzen.

Das Pompejanische Haus am Main

Gebäude aller Stile und aller Kulturnationen wollte Ludwig I. in seinem Königreich vereinigt wissen, nicht nur in München. So entstand an den Ufern des Mains, unmittelbar neben dem Schloß von Aschaffenburg, von 1839 bis 1848, die Nachbildung eines Hauses aus Pompeji. Das Vorbild dazu war erst 1829, also zehn Jahre vor Baubeginn in Aschaffenburg, in Pompeji ausgegraben worden. Römische Häuser aus der Antike waren bis dahin unbekannt, und so haben die Ausgrabungen und auch dieser Nachbau in Bayern großes Aufsehen verursacht. Eine reine Kopie ist das Pompejanische Haus allerdings nicht, denn in Pompeji waren die Häuser durchwegs einstöckig, während hier in Bayern noch ein zweiter und ein dritter Stock aufgesetzt wurden, um ein Belvedere, einen Aussichtsplatz, zu gewinnen.

Ludwig I. hat die Mainlandschaft von Aschaffenburg sehr geliebt. Solange er als Kronprinz die Würzburger Residenz bewohnt hat, kam er regelmäßig im Herbst nach Aschaffenburg. Aschaffenburg hat ihn an seine Pfälzer Heimat erinnert, an die Jugend. Die Landschaft, die Mundart, die Tracht, der Weinbau rufen ihm die Tage der Kindheit zurück. In einem seiner Gedichte spricht er das aus:

An Aschaffenburg

Fühle mich heimisch bei dir, obgleich du nicht Heimath mir warest,
Athme die mildere Luft; sie in der ich erwuchs,
Höre die Töne, die frühesten welche das Kindchen vernommen;

Und sie rufen zurück viel in das liebende Herz.
Die der hiesigen Mundart habe zuerst ich gesprochen;
Ist sie die schönste gleich nicht, mir die erfreulichste doch.
Diese Natur ist die erste auch welche mein Auge betrachtet,
Und die Menschen in ihr, sie sind des nämlichen Stamms.
All ihr Leben und Weben es ist dasselbe, die Häuser
Sind die, die ich gekannt, selber die Kleidung, sie ist's;
Hügel und Wälder mir die, welche zuerst ich erblickte,
Finde die Weinberge auch, welche mich frühe erfreut.
Alles heimelt mich an, versetzt in die Kindheit mich wieder,
Die in Erinnerung nur, nur in der Sehnsucht noch lebt.

Raffael und Dürer

Die Veredlung des Menschen durch die Kunst war ein Regierungsprogramm Ludwigs I., ein kulturpolitisches Ziel, wie wir das heute nennen würden. Dem dienten die Bauten allenthalben im Königreich, vor allem aber die Museen. Deshalb sollte München, neben der Glyptothek, auch große Gemäldegalerien bekommen, eine Alte und eine Neue Pinakothek, Schatzhäuser für die unermeßliche Bildersammlung des Wittelsbachischen Hauses, die nach der Vereinigung der pfälzischen mit der bayerischen Linie nun auch die Bestände umfaßte, die sich ursprünglich in Mannheim und in Düsseldorf befunden hatten. Ludwig I. hat die Gemäldesammlung während seiner Regierungszeit darüber hinaus außerordent-

»Italia und Germania« von Ludwig Overbeck.

lich vermehrt. Ihm ist es gelungen, Werke zu erwerben, die heute zu den Glanzlichtern der beiden Pinakotheken gerechnet werden. Zwanzig Jahre lang hat er sich bemüht, eine Madonna von Raffael aus dem Besitz des Marchese Tempi in Florenz zu kaufen; der Besitzer wollte sich von dem alten Familienbesitz nicht trennen. Die Bemühungen, doch noch in den Besitz des Bildes zu kommen, erinnern an eine Komödie. Über zwei Jahrzehnte wurde nichts unversucht gelassen: Der Notar wurde bestochen, der Beichtvater, die Geliebte des

»Madonna Tempi« von Raffael.

Marchese, gefährliche Mitbewerber wurden ausgeforscht, um sie rechtzeitig aus dem Feld schlagen zu können, strengstes Stillschweigen vor dem Großherzog bewahrt, der das Bild selbst gern seiner Sammlung einverleibt hätte. 1808 beginnen die Bemühungen des Kronprinzen um die Madonna Tempi, 1829 endlich gelingt ihm der Kauf. Zusammen mit der »Madonna della Tenda«, die Ludwig 1814 aus englischem Besitz erwerben konnte und der »Heiligen Familie Canigiani«, die schon um 1700 nach Düsseldorf gelangt war, verfügt die Alte Pinakothek damit über drei Spitzenwerke Raffaels aus dessen früher und mittlerer Schaffensperiode und damit über ein besonders schönes Ensemble aus der Blütezeit der italienischen Malerei. Bedeutende Werke der italienischen Kunst wollte der König seiner Galerie zufügen und daneben, als Zeugnisse der deutschen Kunst, Werke der altdeutschen und altniederländischen Malerei. Die Wertschätzung der altdeutschen Kunst setzt damals, am Anfang des 19. Jahrhunderts, erst langsam ein. Die meisten hielten diese Bilder und auch die Skulpturen für primitiv. Der allgemeine Geschmack orientierte sich am Schönheitsideal des Klassizismus. Dem bayerischen Kronprinzen aber hatten die deutschen Künstler in Rom die Augen geöffnet. Die Nazarener, wie man sie bald nennt, waren die Künstler, die sich darum bemühten, die Kunst des deutschen Mittelalters zu erneuern, die in Dürer ihr großes Vorbild sahen. So wurde Ludwig hellhörig, als er von der Sammlung altdeutscher Bilder hörte, die zwei Kölner Kaufmannssöhne, Melchior und Sulpice Boisserée, zusammengetragen hatten. Die beiden hatten die Gelegenheit der Klosteraufhebungen in den ersten Jahren des Jahrhunderts genutzt. Auch der Kauf der Sammlung Boisserée zieht sich ein Jahrzehnt hin. Schon 1816 besichtigt der Münchner Galerieinspektor Georg Dillis die Bilder und berichtet dem Kronprinzen. Erst 1827 aber kommt es zum Kauf. Für 300000

Gulden erwirbt Ludwig I. zweihundert Gemälde. Er ist außer sich vor Freude. »Welche Sammlung habe ich nun, welche Sammlung, wenn das alles beisammen sein wird.« Aber: »Nur wünsche ich, daß nichts davon in die Zeitungen komme. Wenn man das Geld im Spiel verliert oder für Pferde ausgibt, meinen die Leute, es wäre recht; wenn man es aber für die Kunst verwendet, sprechen sie von Verschwendung.«

Die Erwerbung der Sammlung Boisserée bedeutet, daß die Münchner Alte Pinakothek, zusammen mit den schon vorhandenen Beständen, den reichsten Schatz altdeutscher Malerei in der Welt besitzt. Dazu trug noch bei, daß Ludwig I. wenig später die Sammlung des Fürsten Oettingen-Wallerstein kaufen konnte, die dieser vor allem aus dem schwäbischen Raum zusammengetragen hatte, darunter ein Madonnenporträt von Hans Holbein dem Älteren, das jetzt im Germanischen Nationalmuseum in Nürnberg hängt. Ludwig I. hatte nämlich entschieden, daß ein Teil der erworbenen Bilder in einer Galerie in Nürnberg ausgestellt werden soll. Die alte deutsche Stadt Nürnberg sollte über einen reichen Schatz alter deutscher Malerei verfügen. Dabei ist es bis heute geblieben. Der unmittelbare Anlaß zu diesem Entschluß war das Gedenkjahr zum 300. Todestag Dürers, 1828. Ludwig I. kam damals nach Nürnberg, und unmittelbar darauf erging die betreffende Order.

Das Nationaldenkmal

Das Interesse Ludwigs I. für Nürnberg stammt noch aus seiner Kronprinzenzeit. Damals hatte ein von der neu eingerichteten Kreisregierung in Ansbach geschickter Kommissar ver-

Die Walhalla, das deutsche Nationaldenkmal, wurde 1842 eingeweiht. Ansicht von Süden nach einem Gemälde des Erbauers Leo von Klenze.

ordnet, daß die Nürnberger Stadttore eingerissen werden sollen, und Ludwig hat das verhindert. Er soll seinen Ärger so ausgedrückt haben: »Diese Leute ruhen doch nicht eher, als bis alles so flach ist wie ihre Köpfe.« 1827 erging dann auf sein Betreiben das erste Gesetz zum Schutz historischer Denkmäler, das erste bayerische Denkmalschutzgesetz.

Im Zusammenhang mit diesem Willen, die Zeugnisse der Vergangenheit des eigenen Volkes zu erhalten, ist auch die Restaurierung der Salvatorkirche auf dem Breuberg bei Donaustauf zu sehen in unmittelbarer Nähe der Stelle, die der König später als Standort für die Walhalla aussucht, dem Nationaldenkmal aller »rühmlich ausgezeichneten Deutschen«. Als Vorbild für die Walhalla diente dem Architekten Leo Klenze das Parthenon auf der Akropolis von Athen, »das schönste Gebäude der Welt und aller Zeiten«, wie er sagt. Büsten für diesen Tempel der Unsterblichkeit gibt Ludwig schon als Kronprinz in Auftrag, Jahrzehnte bevor das Gebäude gebaut und eröffnet werden kann. Seine Aufträge gingen an Johann Gottfried Schadow in Berlin und an dessen Schüler Christian Friedrich Tieck und Christian Daniel Rauch. Auf dem Wiener Kongreß hatte der bayerische Kronprinz durchgesetzt, daß Bayern das Abbaurecht an einem Marmorbruch des salzburgischen Untersberg zugestanden wurde, so daß das Baumaterial bereits Jahre vor dem Baubeginn vorbereitet werden konnte. Die Walhalla ist ganz der germanischen Welt und ihren Sagen verhaftet, in der Walküren die Auserwählten an den Ort ihrer Bestimmung führen.

Bayern in Griechenland

Während Klenze an der Walhalla und an den großen Bauaufgaben in München arbeitete, erhielt er vom König einen Auftrag, der ihn zum Retter einer der großartigsten Erbschaften der Menschheit werden ließ, der Akropolis von Athen und der wichtigsten antiken Stätten Griechenlands. Ludwig I. sandte seinen Architekten 1834 in einer diplomatischen Mission nach Griechenland. Dort regierte damals ein aus bayerischen Beamten gebildeter Regentschaftsrat für den noch unmündigen König Otto, einen Sohn Ludwigs I. Diese Reise nach Griechenland nützte Klenze, um durchzusetzen, daß die Akropolis fortan nicht mehr als Festung benützt und weiter ausgebaut sondern zu einer archäologischen Zone erklärt werde. Er warf sein Ansehen als Bevollmächtigter des bayerischen Königs in die Waagschale, um diesen Beschluß der griechischen Regierung gegen den Willen der Armeeführung herbeizuführen. Um vollendete Tatsachen zu schaffen, ließ er sofort die in die Propyläen eingebauten Befestigungswerke schleifen.

Eine weitere Tat Klenzes von höchster Bedeutung war der durch ihn erwirkte Beschluß der Regierung, den Hauptdenkmälern der Antike eine regelmäßige Aufsicht zu geben und die Restaurierung der antiken Stätten in Angriff zu nehmen. Die Ruinen lagen bis dahin weitgehend ungeschützt da. Immer wieder kamen Touristen, die Ornamente als Souvenirs abschlugen oder sogar, wie noch 1834 auf der Insel Delos, eine ganze Schiffsladung antiker Skulpturen mitnahmen. Nun wurden aus den Veteranen der griechischen Armee Aufseher rekrutiert und Athen, Ägina, Eleusis, Delphi, Rhamnus, Sunion, Epidauros, Korinth, Mykene, Bassä, Messene, Delos und Olympia zu geschützten archäologischen Zonen erklärt.

Der Besuch König Ottos zur gleichen Zeit auf der Akropolis war dazu angetan, die Bedeutung dieser Maßnahmen öffentlich zu unterstreichen. Peter Heß hat in einem für die Münchner Neue Pinakothek bestimmten, figurenreichen Bild den Einzug des jungen Monarchen geschildert, der damals gerade seine Residenz von Nauplia nach Athen verlegte.

Diese Verlegung der Hauptstadt hatte den Aufbau einer einheitlich geplanten neuen Stadt Athen am Nordostfuß der Akropolis zur Folge. Unter Schonung der Plaka, der historischen Altstadt, entstand ein klassizistisches Stadtbild mit strahlenförmig verlaufenden Hauptstraßen, mit Durchblikken zur Akropolis und zur Kapnikarea-Kirche. Die dänischen Architekten Hans Christian und Theophil Hansen bauten im Auftrag des Wittelsbacher Königs eine Universität und ein Bibliotheksgebäude. Ein Schloß für das Königspaar entstand am Syntagmaplatz nach den Plänen von Friedrich von Gärtner, der 1840 zur Überwachung des Innenausbaues mit einem Stab von Architekten, Historienmalern, Dekorationsmalern und einem Vergolder nach Athen reiste. Unter den Mitarbeitern Gärtners war auch Friedrich Bürklein, der bald darauf als Architekt des »Maximilanstils« ein so unglückliches Schicksal haben sollte.

Der politisch-dynastischen Verflechtung zwischen Bayern und Griechenland verdanken wir auch ein bedeutendes Werk der historisierenden Landschaftsmalerei des 19. Jahrhunderts, den Griechenland-Zyklus von Carl Rottmann. Dieser aus der Pfalz stammende Maler hatte sich König Ludwig I. mit der Fähigkeit empfohlen, Landschaften sowohl atmosphärisch als auch mit geschichtlichem Sinngehalt erfüllt wiederzugeben. So erhielt Rottmann den Auftrag, einen Zyklus von Wandgemälden griechischer Landschaften zu malen, der in den nördlichen Hofgartenarkaden in München angebracht werden sollte. 1834/35 bereist Rottmann im Auftrag Ludwigs I. Griechenland, um die dafür nötigen Skizzen zu zeichnen. Nach seiner Rückkehr entstehen die Bilder auf Steingußplatten, werden aber dann anstatt in den Hofgartenarkaden in einem eigenen Rottmann-Saal der Neuen Pinakothek untergebracht. Vorausgegangen war diesem Griechenland-Zyklus ein Freskenzyklus italienischer Ansichten für die Westseite der Hofgartenarkaden. Diese Rottmannbilder sind inzwischen im Allerheiligengang der Münchner Residenz untergebracht, literarisch begleitet von Hexametern und Pentametern Ludwigs I. Die Auflösung der Motive in atmosphärische Farbspiele, vor allem in den Griechenlandbildern, läßt Carl Rottmann als einen Verwandten Turners und als einen Vorläufer der Impressionisten erscheinen.

Die Schönheitengalerie

Während eines Besuchs des griechischen Königs kam auch eine schöne Griechin mit in den Norden, Katharina Botzaris, die Tochter des Freiheitshelden Marcos Botzaris. Sie war die Hofdame der Königin Amalie von Griechenland. Ludwig I. hat sie gesehen und gebeten, sich für seine Schönheitengalerie malen zu lassen. Das Sammeln von Bildnissen schöner Frauen war eine romantische Idee, aber auch eine politische Geste. Hier sollten die getrennten Schichten des Volkes zusammengebracht werden, das Bürgermädchen neben die Fürstin treten. Die Porträts der Schönheitengalerie gehören zu den am meisten kopierten Gemälden der Welt. Sie sind sogar in Amerika und Japan populär geworden. Der bayerische Hofmaler Joseph Stieler hat mit diesen Damenbildnissen in ihrer virtuosen, marmorhaften Glätte ein Feenmärchen verwirklicht.

Ludwig I. läßt die schöne Tochter eines Kupferschmieds malen, Regina Daxenberger, und die Schusterstochter Helene Sedlmayr. Er findet aber nicht die Zustimmung, die er sich erhofft hatte. Im Gegenteil: Klatsch kommt auf. Was wird schon dahinter sein, wenn ein König ein einfaches Mädel malen läßt, heißt es. Der Vater der Maximiliane Borzaga, die auserwählt wurde, läßt den König bitten, er möge künftig den Sitzungen fern bleiben, damit seine Tochter der üblen Nachrede entgehe. Der Vater der Cornelia Vetterlein, ein hoher Beamter, bittet um seine Versetzung. Er will das Getratsche in München nicht mehr hören. Auf der anderen Seite reagiert der Adel mit Naserümpfen. Wie kommt eine Gräfin Tauffkirchen dazu, sich so weit herabzulassen, in einem solchen »Harem« zu erscheinen, sagt man. Als dann auch noch Charlotte von Hagn gebeten wird, für ein Porträt zu sitzen, eine Schauspielerin von nicht ganz einwandfreiem Ruf, ist das Maß voll.

Katharina Botzaris, die Tochter des griechischen Freiheitskämpfers Marco Botzaris, 1841 von Joseph Stieler für die Schönheitengalerie gemalt.

Später scheint die Affaire Ludwigs I. mit der irischen Tänzerin Maria Gilbert, die sich großspurig Maria de los Dolores Porris y Montez nennt, und die dem König den Thron kosten wird, dem Gerede nachträglich recht zu geben.

Außerdem war da noch etwas anderes: die lebenslange Liebe und Freundschaft des bayerischen Kronprinzen und später des Königs zu Mariannina Baccini, Marchesa Florenzi in Perugia. Eine große Liebe, ein großes Glück, aber auch ein

Verhältnis voller Probleme, denn jeder der beiden war verheiratet.

Der König hat die Italienerin nicht nur in seine Schönheitengalerie aufgenommen, sondern auch noch von Heinrich Heß malen lassen, in einer idealisierenden Weise, die an mittelalterliche Madonnen erinnert. Das Porträt ist eines der Hauptwerke der Sammlung zeitgenössischer Malerei, die Ludwig I. angelegt und in der Neuen Pinakothek vereinigt hat. Die Neue Pinakothek ist von August von Voit von 1843 bis 1854 unter maßgeblicher Mitarbeit von Friedrich von Gärtner erbaut worden. Unter den vierhundert Gemälden, die in diesem im Zweiten Weltkrieg zerstörten Bau versammelt waren, befand sich auch ein Gemälde, das ein Lebensprogramm Ludwigs I. ausdrückt: »Italia und Germania« von Friedrich Overbeck. Die Annäherung zweier Welten in der Gestalt zweier Mädchen, die Italienerin mit dem Lorbeer im Haar, die Deutsche mit dem Myrtenkranz.

Den teutschen Befreiungskämpfern

Einem Ereignis der damals jüngsten deutschen Geschichte, dem Befreiungskampf gegen die Herrschaft Napoleons, ist die Befreiungshalle über der Donau bei Kelheim gewidmet, erbaut von 1842 bis 1863. Die Planung hatte Ludwig I. Friedrich von Gärtner übertragen, nach dessen Tod 1847 wurde das Mahnmal aber dann nach den geänderten Plänen von Leo von Klenze ausgeführt. Die innere Rotunde umstehen 34 Skulpturen von Siegesgöttinnen, die einander die Hand halten, symbolische Gesten der Einigkeit der Deutschen. Sie stützen Schilde, auf denen die einzelnen Kämpfe der Befreiungskriege verzeichnet sind. In ein umlaufendes Wandstück darüber sind Tafeln mit den Namen der Feldherren der Feldzüge eingelassen. Der nationale Gedanke, der Zusammenhalt der deutschen Stämme bewegte den König. »Das war Teutschlands herrlichste Zeit, an ihr wollen wir uns halten«, sagte er bei der Einweihungsfeierlichkeit am 18. Oktober 1863, dem 50. Jahrestag der Völkerschlacht von Leipzig, zu den Veteranen jener Schlacht, die nun ein halbes Jahrhundert zurücklag.

Der Erinnerung an die Feldzüge mit und gegen Napoleon sind bereits die Schlachtenbilder gewidmet, die Ludwig als Kronprinz beim Hofmaler seines Vaters, Wilhelm von Kobell, in Auftrag gab, Bilder von großer Treue in der Wiedergabe der Details und von hohem atmosphärischem Reiz in der Schilderung der Landschaften in den verschiedenen Jahres-

Zeigenössische Darstellung der von Leo von Klenze entworfenen Ruhmeshalle mit der nach einem Entwurf von Ludwig Schwanthaler gegossenen Kolossalstatue der Bavaria über der Theresienwiese in München.

zeiten. Der Zyklus umfaßt zwölf Bilder, die in der Münchner Residenz und in der Neuen Pinakothek ausgestellt sind.

Neben solchen Denkmalen der nationalen Geschichte ließ Ludwig I. auch einen Ehrentempel verdienter Bayern errichten, die Ruhmeshalle über der Theresienwiese in München. Der Gedanke, dieses Bauwerk im klassizistischen Stil mit einer Monumentalfigur in der Art der Pallas Athene zu verbinden, stammt von Klenze. So entstand die Kolossal-Allegorie der Bavaria mit dem das Land symbolisierenden Löwen zu Füßen, dem Schwert als Zeichen der Wehrhaftigkeit und dem Eichenkranz, der sinnbildhaften Ehrengabe für diejenigen, die in der Ruhmeshalle Aufnahme gefunden haben. Die Bavaria ist die erste Kolossalplastik der Neuzeit, entstanden fast ein halbes Jahrhundert vor der Freiheitsstatue von New York, in bewußter Anknüpfung an die legendären Riesenstatuen der Antike, die immer zu den Weltwundern gerechnet wurden. Ein solches Monument in Bronze zu gießen, war nur möglich, weil schon König Max I. Joseph den Münchner Münzgraveur Johann Baptist Stiglmaier 1819 nach Neapel geschickt hatte, damit er dort den Hohlguß erlerne. So konnte Stiglmaier 1837 zusammen mit seinem Neffen Ferdinand Miller d. Ä. den Auftrag für den Guß der Bavaria übernehmen. Das Modell dafür stammte von Ludwig Schwanthaler, dem damals bedeutendsten und meistbeschäftigten Bildhauer Münchens, in dessen Werk sich eine Wandlung von der Kühle des Klassizismus hin zu romantischen Formen und Inhalten vollzieht, wofür das »germanische« Erscheinungsbild der Bavaria Zeugnis ablegt. Am 9. Oktober 1850 konnte die Bavaria enthüllt werden, zwei Jahre nach der Abdankung Ludwigs I. Der König hatte sich von seinem Nachfolger die Hälfte der Gelder aus der sogenannten Zivilliste ausbedungen, so daß er die bereits begonnenen Bauten, neben der Ruhmeshalle und der Bavaria vor allem die Befreiungshalle und die Neue Pinakothek weiter finanzieren und vollenden lassen konnte.

Ludwig I. hat sich auch ein Schloß in der Pfalz bauen lassen, Ludwigshöhe bei Edenkoben, wo er von da an in der Landschaft seiner Jugend regelmäßig die Sommer verbrachte. Mit 81 Jahren hat er noch 1867 die Weltausstellung in Paris besucht. Den darauffolgenden Winter wollte er im milden Klima der Riviera, in Nizza, verbringen. Dort ist er am 29. Februar 1868 gestorben.

Politisch war Ludwig I. gescheitert. Ein selbstherrliches Regiment, wie er es führen wollte, war in der Mitte des 19. Jahrhunderts in Mitteleuropa nicht mehr möglich. Sein Leben war aber wie ein letzter Beweis dafür, daß eine große Begabung und ein starker Wille, verbunden mit Macht, andere mitreißen und zu außergewöhnlichen Leistungen beflügeln, etwas Großes schaffen können.

Der tote König wurde von Nizza nach München überführt. In der Residenzstadt hat sich der Trauerzug über den Königsplatz bewegt, durch die Propyläen, einer der letzten Bauten, die Ludwig I. noch veranlaßt hatte. Unmittelbar daneben, in dem Bezirk, in dem der König die Antike und das Christentum vereinigt sehen wollte, in der Basilika von St. Bonifaz, wurde er beigesetzt; bei den Benediktinern, deren Kloster er wieder ins Leben gerufen hatte.

Die Maximilianstraße

Italienische Renaissance und griechisch-römische Klassik: Das waren die vorherrschenden Bauformen in der ersten Hälfte des 19. Jahrhunderts in München. Diese Baustile entsprachen dem persönlichen Geschmack Ludwigs I. Mit dem Jahr 1848, der Thronbesteigung König Maximilians II., wird alles ganz anders. Der neue König hatte sich in den Kopf gesetzt, mit dem Regierungswechsel auch den Baustil zu ändern. Klar war dem König aber nur, daß der neue Stil nicht antik und nicht italienisch sein sollte. Eher aus dem deutschen hergeleitet. Aber gotisch, wie im deutschen Mittelalter, konnte man jetzt im 19. Jahrhundert, angesichts von Eisenbahnen und Fabriken auch nicht mehr gut bauen. Es mußte also etwas ganz Neues sein.

Was macht man in so einem Fall? Man schreibt eine Konkurrenz aus, einen Wettbewerb. Die Antworten kamen aus Wien, aus Berlin und Paris, natürlich auch von den Münchner Architekten. Aber es war nichts Brauchbares dabei. Da hat der König die Sache selbst in die Hand genommen. Er zog einen Baurat aus dem Staatsbauamt heran, Friedrich Bürklein. Der hatte den damals neuen Münchner Bahnhof gebaut. Das Gebäude steht heute nicht mehr. Dieser Bahnhof hatte dem König gefallen. Bürklein soll also den neuen Stil erfinden. Und damit alles genauso wird, wie es sich der König vorstellt, bekommt Bürklein ganz präzise Anweisungen: Vor- oder zurückspringende Teile sollen die Gebäude haben, erhöhte Mittel- oder Flügelbauten, Abteilungslinien von unten nach oben in Form von Lisenen, Säulchen etc. An Türmchen, Erker, Balkone, Figuren und Malereien denkt der König, auch an Ornamente, letztere in deutscher Laub- und Tierform gebildet. Bürklein entwirft nach diesen Vorschriften Musterfassaden, nach denen sich künftig alle Architekten zu richten haben.

So ist die Maximilianstraße entstanden, heute eine der beliebtesten und elegantesten Geschäftsstraßen von München. Die Straße war ganz bewußt zur Verschönerung der Hauptstadt geplant. Daher im Osten ihre Erweiterung zu einem Forum, zu einer parkartigen Anlage. So etwas hatte der König in London gesehen: die Squares. Er war als junger Mann zur Thronbesteigung der Königin Victoria nach England geschickt worden.

Eine der Anweisungen an Bürklein hatte gelautet, daß der Spitzbogen, die Grundform der gotischen Baukunst, Anwendung finden möge. So haben die Gebäude des Forums etwas Kathedralenartiges bekommen. Es sollten ja auch öffentliche Gebäude sein, eines für die Regierung von Oberbayern, das andere für das neu gegründete Bayerische Nationalmuseum. Auch das war eine Anregung aus England, wo der Prinz seinerzeit das South Kensington Museum gesehen hatte, das heute Victoria und Albert Museum heißt. Das Nationalmuseum sollte Werke von künstlerischer und kulturhistorischer Bedeutung, vornehmlich aus Bayern, aufnehmen, sowie Vorbilder zur Hebung der gewerblichen Schaffenskraft. Also ein vaterländisches Museum und eine Vorbildersammlung für Handwerk, Gewerbe und Industrie. Heute ist in dem Gebäude das Völkerkundemuseum untergebracht.

Als Abschluß der Prachtstraße war eine beherrschende Anlage auf der Anhöhe jenseits der Isar vorgesehen: ein Athenäum. Ein krönender Abschluß des Ganzen sollte das sein, ein Bauwerk in der Art einer barocken Schauarchitektur. Das Gebäude sollte ein Erziehungsinstitut für künftige Staatsdiener aufnehmen. Das tut es heute noch: Das Maximilianeum ist eine Stiftung, wo jeweils die besten bayerischen Abiturienten aufgenommen werden, die hier kostenlos wohnen und leben können.

Die Maximilianstraße und das Maximilianeum verbergen eine menschliche Tragödie. Wir empfinden diese Fassaden heute als malerisch. Das war aber nicht immer so. Das Urteil über diesen sogenannten Maximilianstil war noch vor wenigen Jahrzehnten vernichtend. Ein Machwerk, das war die allgemeine Meinung. Diese Kritik hat schon begonnen gleich nachdem die Gerüste gefallen waren. Die Menschen waren damals, um 1860, noch ganz befangen in den Anschauungen des Klassischen und des Klassizismus; das hier kam ihnen vor wie eine Theaterdekoration. Jakob Burckhardt, der damalige Papst der Kunstwissenschaft, hat gesagt: »Da kann man froh sein, wenn man ohne Schlaganfall wegkommt.« Wie das in solchen Fällen aber ist: die Kritik hat nicht den eigentlich Verantwortlichen getroffen, den König. Der hat sich schnell von seinem willfährigen Architekten Bürklein abgewendet und Auftrag gegeben, noch einmal nach einem anderen neuen Stil zu suchen. Bürklein aber hat den ganzen Spott und noch die königliche Ungnade dazu aushalten müssen. Er hat sich nicht mehr auf die Straße gewagt und ist schließlich wahnsinnig geworden. Im Irrenhaus, in Werneck in Unterfranken, ist er gestorben.

Hohenschwangau

Als Kronprinz, mit 21 Jahren, hatte sich der spätere König Maximilian in der Nähe von Füssen eine Burgruine gekauft. Die war zunächst für 225 Gulden auf Abbruch angeboten gewesen. Eine mittelalterliche Burg, das war der größte Wunsch des Prinzen, und das war auch der Geschmack der Zeit. Die Zeit der Brüder Grimm, der Nürnberg-Schwärmerei, die Zeit der Romantik. Also wurde die Burgruine aufge-

Schloß Hohenschwangau.

baut, ganz im Stil einer mittelalterlichen Ritterburg. Aber selbstverständlich nicht ganz so, denn es sollte alles auch sehr elegant und komfortabel sein. So ist Hohenschwangau, wo einmal Ritter der Welfen und der Hohenstaufen gelebt haben, mehr ein englisches Landschloß als eine deutsche Ritterburg geworden.

Mit den Entwürfen für die Wandgemälde wurde Moritz von Schwind beauftragt. Die Ausführung allerdings wurde anderen, billiger arbeitenden Künstlern anvertraut. Das Kronprinzenpaar verfügte nur über vergleichsweise bescheidene Einkünfte.

Eines der Motive für die Ausmalung des Schlosses war die

Kronprinz Ludwig und Prinz Otto von Bayern

Sage von Lohengrin. Der Ritter vom Heiligen Gral, Sohn des Parzival, der kommt, um Elsa von Brabant von Telramunt zu befreien, den sie nicht heiraten will. Das war damals, um 1830, neuentdeckte, »moderne« Literatur. Josef Görres hatte diese mittelalterliche Dichtung 25 Jahre vorher zum ersten Mal wieder drucken lassen. Zwischen diesen romantischen Bildern in Hohenschwangau ist Kronprinz Ludwig aufgewachsen, der älteste Sohn des Kronprinzen und späteren Königs Maximilian.

Und eines Tages hat der junge Prinz Ludwig dann im Münchner Hoftheater diesen Ritter Lohengrin aus dem elterlichen Hohenschwangau zu den Klängen Richard Wagners leibhaftig auf der Bühne gesehen. Ein Eindruck, der sein ganzes Leben prägen sollte.

Der Märchenkönig

Ludwig II. und Richard Wagner

Die Geschichte ist ja weitgehend bekannt: 1864 stirbt König Maximilian, und Ludwig wird mit 18 Jahren König. Sofort läßt er Wagner, den Komponisten des Lohengrin, zu sich nach München bitten. Er möchte den verehrten Künstler in seiner Nähe haben, er möchte der Mäzen sein, der es Wagner ermöglicht, von Geldsorgen unbeschwert zu komponieren und seine Werke aufzuführen. So kommt 1865 die Uraufführung von »Tristan und Isolde« im Münchner Hof- und Nationaltheater zustande.

Aber Wagner ist unbescheiden in seinen Forderungen. Er macht sich in München unbeliebt, vor allem auch, weil er versucht, sich in die Politik einzumischen. Damit bringt er so ziemlich alle gegen sich auf, die damals in Bayern Einfluß haben. Der Ministerpräsident von der Pfordten schreibt an den König: »Majestät stehen an einem Scheidewege und haben zu wählen zwischen der Liebe und Verehrung Ihres treuen Volkes und der Freundschaft Richard Wagners.« Das war eine deutliche Sprache, und der König hat begriffen, was sich da zusammenbraut. So hat er Wagner bedeutet, er möge München »auf einige Monate« verlassen. Ein Ausweisungsbefehl. Die erzwungene Trennung von Richard Wagner war nur einer der Gründe, warum aus dem jungen König so schnell ein vom Leben enttäuschter Mann geworden ist. Da war das

Richard Wagner

Festspielhaus, das er für die Aufführung der Werke Wagners in München hatte bauen lassen wollen und das am Widerstand der Stadt und der Regierung gescheitert ist. Dann der verlorene Krieg von 1866 gegen Preußen, der Bayern seine politische Selbständigkeit gekostet hat. Schließlich die peinliche Affaire der nicht zustandegekommenen Heirat mit seiner Cousine Sophie.

Für den jungen Mann muß die Aussicht auf die Ehe mit der Herzogin Sophie zuletzt ein Alptraum gewesen sein. Es heißt, daß er bei seiner Mutter geweint und gesagt hat: »Lie-

König Ludwig II. (1846–1886)

ber springe ich in den Alpsee.« Er konnte sich das Leben an der Seite einer Frau überhaupt nicht vorstellen.

Diese Heiratsgeschichte hat außergewöhnliches Aufsehen gemacht, zum Beispiel war ja schon der Hochzeitswagen fertig. Der ist dann nie benützt worden. Jetzt steht er im Marstallmuseum in Nymphenburg. An diesem Wagen läßt sich ablesen, welche Vorstellungen der König von der Würde und der Stellung seiner Person hatte: Das ist eine Karosse, wie sie die absoluten Herrscher des 17. und 18. Jahrhunderts sich haben bauen lassen. Und das jetzt im Zeitalter der Dampfschiffe, des Telegrafen und der Eisenbahn. Die Kutsche ist ein Hinweis auf das Widersprüchliche in Ludwig II. Er hat kein absoluter Herrscher mehr sein können, es gab ja inzwischen das Parlament, aber er wollte an der Idee des Königtums festhalten, wenigstens äußerlich. Und so hat er eine irreale Welt um sich gebaut.

Für Ausfahrten im Gebirge hat er einen Schlitten bauen lassen. Auch der steht jetzt im Marstallmuseum. Er ist eigens für unwegsames Gelände konstruiert, also technisch ganz auf der Höhe der Zeit. Das Dekor aber stammt aus dem Rokoko. Dieser Schlitten ist das Gefährt, das Ludwig II. zum Märchenkönig gemacht hat. Ein Bild wie eine Feerie: wenn er nachts dahergeglitten ist, Vorreiter mit brennenden Fackeln voraus, vier galoppierende Schimmel mit klingenden Schellen, die Reitknechte in blauer Livree, am Hut des Königs eine Agraffe mit funkelnden Diamanten.

Der König hat sich schon bald nach seinem Regierungsantritt immer mehr von München ferngehalten und sich seinen Widersachern damit entzogen. Einen glücklichen Tag aber hat er in München noch erlebt: Das war der 21. Juni 1868, der Tag der Uraufführung der »Meistersinger«. Ludwig war so begierig, die Oper kennenzulernen, daß er bereits die Generalprobe besucht hat.

Der Dirigent war Hans von Bülow, den Ludwig auf Wagners Empfehlung nach München berufen hatte. Wagner war sehr daran gelegen, nicht nur, weil Bülow ein großer Dirigent war, sondern auch, weil Wagner mit Bülows Frau Cosima ein Verhältnis hatte. Und so hatte er die Freundin in seiner Nähe. In München hat man schon sehr bald über dieses Dreiecksverhältnis gesprochen, und es hat nicht lange gedauert, da ist es zum Skandal gekommen. Die »Meistersinger« haben die Begleitmusik dazu geliefert.

Bei der Premiere hat der König Wagner zu sich in die Loge

eingeladen. Da saß er also in der Königsloge, der Komponist neben dem Monarchen. Für Wagner ein Triumph ohnegleichen, eine Genugtuung, denn das ganze war ja als eine Demonstration gedacht gegen alle, die Wagner seinerzeit aus München vertrieben hatten. Mehr Ehre hatte die Gesellschaft damals nicht zu vergeben. Wagner war auf dem Gipfel.

Seine Euphorie hat genau vier Wochen gedauert. Dann wurden dem König Informationen darüber zugespielt, wie es um das Freundschaftsverhältnis zwischen Wagner und Frau von Bülow bestellt sei. Das ganze hätte mit Diskretion behandelt werden können, wenn nicht Wagner zwei Jahre vorher den König veranlaßt gehabt hätte, eine Ehrenerklärung für Hans von Bülow abzugeben. Jetzt stellte sich heraus, daß er den König getäuscht hatte (Frau von Bülow hatte damals bereits das dritte Kind von Wagner empfangen). Eine peinlichere Situation läßt sich nicht denken.

Ludwig II. fühlte sich zu Recht betrogen, menschlich aufs Schrecklichste enttäuscht. Er hat Wagner daraufhin lange nicht empfangen, die Freundschaft war eigentlich zu Ende, auch wenn der König Wagner sein Leben lang weiterhin unterstützt hat. Den Menschen, den Freund hatte er verloren.

Das zweite Rokoko

Der König hatte jetzt mehr denn je den Wunsch, sich von den Menschen zurückzuziehen. 1868 beginnt er, sich eine eigene Welt, ein irreales Universum, Inseln der Isolation zu schaffen. Er fängt zu bauen an und beschäftigt sich zwanzig Jahre lang fast ausschließlich mit seinen Schloßbauten. »O, es ist notwendig, sich solche Paradiese zu schaffen, wo man auf einige Zeit die schauderhafte Zeit, in der wir leben, vergessen kann«, schreibt er seiner ehemaligen Erzieherin, der Baronin Leonrod. In Linderhof, im Graswangtal im Ammergau, läßt er ein Jagdhaus seines Vaters zu einer königlichen Villa ausbauen, zu einem kleinen Schloß, das eher nach Monte Carlo paßt als in die bayerischen Alpen.

Die Schlösser, die Ludwig II. gebaut hat, haben noch bis vor kurzem als reiner Kitsch gegolten. Die Kunstfachleute haben es als für unter ihrer Würde erachtet, sich damit zu beschäftigen. Völlig wertloser Plunder, das war das allgemeine Urteil. Und: Ein Mensch, der so etwas baut, muß verrückt sein. Dabei hat Ludwig II. nichts anderes gemacht als seine Vorfahren und seine Zeitgenossen auch. Er hat Stilkopien anfertigen lassen. Das ganze 19. Jahrhundert ist voll davon: Neugotik, Neurenaissance, Neubarock, und in Linderhof ein neues Rokoko. Das sogenannte zweite bayerische Rokoko ist im Detail nicht so fein wie das Rokoko eines François Cuvilliés, aber doch von großer handwerklicher Gediegenheit, voller Schwung und überwältigend im Gesamteindruck.

So wie Max Emanuel im 18. Jahrhundert in den Nymphenburger Park hat Pavillons bauen lassen, läßt sich Ludwig II. neben Linderhof eine Grotte bauen, halb Capri, halb Venusberg. Er kauft auch einen Maurischen Kiosk, läßt in Paris dazu einen Pfauenthron anfertigen und alles im Graswangtal aufstellen.

Schloß Linderhof mit den von Carl von Effner entworfenen Gartenanlagen.

Im echten Stil der alten Ritterburgen

Ludwig II. schreibt an Richard Wagner im Mai 1868: »Ich habe die Absicht, die alte Burgruine bei der Pöllatschlucht neu aufbauen zu lassen, im echten Stil der alten deutschen Ritterburgen ... Sie kennen ihn, den angebeteten Gast, den ich dort beherbergen möchte. Der Punkt ist einer der schönsten, die zu finden sind, heilig und unnahbar, ein würdiger Tempel für den göttlichen Freund, durch den einzig Heil und wahrer Segen der Welt erblühte. Auch Reminiszenzen aus Tannhäuser, aus Lohengrin werden Sie dort finden.«

Ein Tempel für Richard Wagner sollte Neuschwanstein werden. Ein Tempel, den der Komponist nie betreten hat, denn kurz nach jenem Brief kam es zu dem schweren Zerwürfnis zwischen dem König und Wagner. Neuschwanstein aber wurde gebaut, und zwar ganz nach Vorstellungen aus den Mythen, die den Wagneropern »Tannhäuser«, »Lohengrin«, »Tristan und Isolde« und »Parzival« zugrunde liegen. Bezeichnenderweise beauftragt der König einen Theatermaler mit den ersten Entwürfen. Die Wartburg in Thüringen, der Schauplatz der Tannhäusersage, wird zum vagen Vorbild. Im Wohnzimmer Wandbilder mit Szenen aus »Lohengrin«, im Schlafzimmer »Tristan und Isolde«.

Der Ring des Nibelungen

Wenn der König verreisen wollte, dann stand ihm der Salonzug zur Verfügung, der jetzt im Verkehrsmuseum in Nürnberg steht. In Salonwagen und Extrazügen sind im 19. Jahrhundert nicht nur Monarchen sondern auch reiche Leute gereist.

1866 ist König Ludwig II. durch Franken gefahren, nach dem für Bayern so unglücklich verlaufenen Krieg. Die Reise war als eine Demonstration der Solidarität des Königs mit den vom Krieg betroffenen Provinzen gedacht und hat dem König überall, wo er erschienen ist, überschwengliche Sympathien eingetragen, in Bayreuth, in Bamberg, Hof, Schweinfurt, Kissingen, Aschaffenburg, Würzburg und Nürnberg. Die Reise war ein einziger Triumphzug.

Um so weniger haben es die Menschen verstanden, daß sich Ludwig II. in der Folgezeit immer mehr zurückgezogen hat, seine Auftritte in der Öffentlichkeit immer seltener wurden. Lange Zeit war es sogar unsicher, ob der König zur Eröffnung des Festspielhauses nach Bayreuth kommen würde. Ludwig II. hatte mit Darlehen entscheidend zur Finanzierung des Festspielhauses beigetragen. Er hat Wagner auch Geld zum Erwerb des Grundstücks und für den Bau der Villa

Der Salonwagen Ludwigs II.

Wahnfried gegeben. Als es aber dann nach jahrelangen Vorbereitungen so weit war, 1876, daß der »Ring des Nibelungen« in dem neuen Festspielhaus aufgeführt werden sollte, da mußte Wagner bangen, ob der König kommen würde oder nicht. Sein Ausbleiben wäre eine Ohrfeige für Wagner gewesen, eine Demütigung.

Nun, der König ist gekommen. In seinem Salonzug. Der mußte aber weit vor Bayreuth auf freier Strecke halten, weil der König der Menschenmenge auskommen wollte, die zu seinem Empfang zusammengelaufen war. Das war am 6. August 1876, zur Generalprobe. Der König war dann von dem, was er gesehen und gehört hat, so beeindruckt und so ergriffen, daß er Ende August noch einmal nach Bayreuth gefahren ist, zur dritten Aufführung des Zyklus.

Denkmal für das Königtum

Der Bau von Schloß Herrenchiemsee ist verbunden mit der neueren deutschen Geschichte, mit der Reichsgründung von 1871. Bayern war damals 1870/71 in einer politisch ausweglosen Situation. Durch einen erzwungenen Bündnisvertrag an Preußen gekettet, hat es sich am Krieg gegen Frankreich beteiligen müssen, obwohl klar war, daß ein siegreiches Preußen das Ende der Selbständigkeit Bayerns und der anderen deutschen Staaten bringen würde.

Man kann sagen, daß der bayerische König Ludwig II. das Beste aus der Situation gemacht hat. Er hat Geld gefordert und auch bekommen. Manchmal wird behauptet, daß sich Ludwig II. habe bestechen lassen. Davon kann aber keine Rede sein. Die Machtverhältnisse waren so eindeutig, daß

Fassade der Südfront von Schloß Herrenchiemsee, gebaut nach Plänen von Georg Dollmann.

Bismarck es nicht nötig hatte, irgendjemanden zu bestechen. Die Eingliederung Bayerns in ein Deutsches Reich war beschlossene Sache. Würde Bayern Widerstand leisten, dann dachte Bismarck daran, die bayerische Armee zu entwaffnen und das Land mit Gewalt zu zwingen. Worauf es Bismarck aber ankam, war, den Schein zu wahren. Alles mußte freiwillig aussehen. Der König von Bayern mußte von sich aus das Anerbieten machen, dem neuen Reich beizutreten, und Bismarck hat ihm sogar zugemutet, einen Brief zu schreiben und dem König von Preußen die deutsche Kaiserkrone anzutragen. In dieser Situation ist Bismarck auf die Geldforderung Ludwig II. eingegangen. Geld hatte der Kanzler aus dem sogenannten Welfenfonds. Das war das von Preußen beschlagnahmte Privatvermögen des Königs von Hannover. Über dessen Zins konnte Bismarck verfügen, ohne der Öffentlichkeit Rechenschaft abzulegen. Und so sind die Zahlungen auch lange geheimgeblieben. Insgesamt hat Bismarck sechs Millionen Mark an den König bezahlt, von 1873 bis 1885. Eine erste Rate ist 1873 von einer Schweizer Bank überwiesen worden, 300000 Gulden. Damit hat Ludwig II. eine Anzahlung auf den Kauf der Herreninsel im Chiemsee geleistet, wo er ein Schloß bauen wollte.

Das Schloß Herrenchiemsee hat in damaliger Währung 16½ Millionen Mark gekostet. Das war vor hundert Jahren eine schwindelerregende Summe, und gerade solche »Unsummen« sind dem König später zum Vorwurf gemacht worden. Man muß aber bedenken, daß ein Schloßbau ein ungeheures Arbeitsbeschaffungsprogramm bedeutet hat. Das Geld ist ja zum allergrößten Teil im Land geblieben und unter die Leute gekommen. Da sind große Aufträge vergeben worden. Und heute sind die Schlösser Ludwigs II. ein Teil des Staatsvermögens. Und dann noch etwas: Die Aufträge für die Schlösser Ludwigs II. waren entscheidend dafür, daß das

Entwurf zu einem Konsoltisch in Schloß Herrenchiemsee.

Vorentwurf für eine Wandabwicklung im Bad von Schloß Herrenchiemsee.

Kunsthandwerk in Bayern weitergelebt hat, Schnitzer, Vergolder, Gürtler, Stickerinnen, Posamentierer, Faßmaler, Stukkateure. Daß diese Handwerksarten nicht ausgestorben sind, verdankt man nicht zuletzt den Aufträgen Ludwigs II.

Bauen ist eine Berufskrankheit der Könige, heißt es. Ludwig II. war davon bis zur Besessenheit ergriffen. Das Bauen wurde überhaupt zur Hauptbeschäftigung für ihn. Die Gesamtplanung hat er den Fachleuten überlassen, in Herrenchiemsee dem Architekten Georg Dollmann, der 1884 von Julius Hofmann abgelöst wurde, um die Details aber, auch die allergeringsten, hat er sich selbst gekümmert. 1873 ist Ludwig II. nach Paris gereist, um das Schloß von Versailles zu studieren. Denn er hatte die Absicht, in Bayern ein zweites Versailles bauen zu lassen. Nicht für sich und den königlichen Hof, sondern als ein Denkmal für Ludwig XIV. von Frankreich, den französischen König, den er als den bedeutendsten der europäischen Monarchen ganz besonders verehrt hat. So ist Herrenchiemsee entstanden, ein Denkmal für das Königtum schlechthin, das jetzt im 19. Jahrhundert untergeht. Gewohnt hat Ludwig II. in Herrenchiemsee nur einmal neun Tage lang, im September 1885, ein dreiviertel Jahr vor seinem Tod.

Sieben Jahre wurde an Herrenchiemsee gebaut. Das Schloß ist aber nie fertig geworden. Denn 1885 waren die Schulden Ludwigs II. auf über 14 Millionen angewachsen, und der Bau mußte eingestellt werden. 14 Millionen, das war damals unendlich viel mehr Geld als heute. 1885 hat man für 10000 Mark ein mittleres Haus kaufen können, das heute 500000 oder gar eine Million Mark kostet. Der König stand also mit seinen 14 Millionen Schulden vor dem Ruin. Ungeduldige Gläubiger haben bereits vor Gericht die ersten Klagen gegen die königliche Kabinettskasse eingereicht. Das war eine außerordentlich peinliche Situation: Der König von Bayern vor dem Konkurs. Das hat die Regierung und die Verwandten des Königs aufs höchste beunruhigt. Da mußte etwas geschehen, denn der König hat es strikt abgelehnt, mit dem Bauen, dem Geldausgeben aufzuhören. Anstatt beim Landtag die Genehmigung einer Sonderfinanzierung zu beantragen, haben die Verantwortlichen die Entmündigung des Königs eingeleitet.

Man muß aber festhalten, daß die Schulden in keiner Weise die Staatsfinanzen betroffen haben. Die Ausgaben waren aus der Privatkasse des Königs erfolgt. Er konnte im Jahr über viereinhalb Millionen verfügen, und hatte sich also mit dem Dreifachen seiner Jahreseinnahmen verschuldet. Das ist heute, wenn man baut, so ungewöhnlich nicht. Damals aber haben Minister, königliche Prinzen und Psychiater in einer solchen Verschuldung ein Symptom für Geisteskrankheit gesehen, und haben ein Drama heraufbeschworen, das den König schließlich in den Tod getrieben hat.

Das Drama von Neuschwanstein

Der Schauplatz des ersten Akts dieser Tragödie war Schloß Neuschwanstein. In den Haupträumen dieses Schlosses hatte Ludwig II. seine Vorstellung vom Königtum verbildlicht sehen wollen: Im Sängersaal die Geschichte von Parzival, dem jungen Ritter, der nach einem langen Weg voller Verwirrung, Schuld, aber mannhaftem Bemühen, König des heiligen Gral wird. Darunter, im byzantinischen Thronsaal, wollte Ludwig II. die sechs heiliggesprochenen Könige der europäischen Geschichte zur Seite von Christus gemalt wissen.

Beides, der Sängersaal und der Thronsaal, sind Zeugnisse

À Louis II de Bavière

Roi, le seul vrai roi de ce siècle, salut, Sire,
Qui voulûtes mourir vengeant votre raison
Des choses de la politique, et du délire
De cette Science intruse dans la maison.

De cette Science, assassin de l'Oraison
Et du Chant et de l'Art et de toute la Lyre,
Et simplement, et plein d'orgueil en floraison,
Tuâtes en mourant, salut, Roi! bravo Sire!

Vous fûtes un poète, un soldat, le seul Roi
De ce siècle où les rois se font si peu de chose,
Et le Martyr de la Raison selon la Foi.

Salut à votre très unique apothéose,
Et que votre âme ait son fier cortège, or et fer,
Sur un air magnifique et joyeux de Wagner.

Paul Verlaine

für die hochgesteigerte Vorstellung, die Ludwig II. von der Stellung eines Königs hatte. Und in diese ideal gesehene Welt kommen nun Irrenwärter. Zuerst eine Kommission, die dem König eröffnen soll, daß er entmündigt, abgesetzt und unter psychiatrische Behandlung gestellt ist. Würdige Herren im Frack und mit Zylinder. Sie haben eine Kutsche dabei mit Anschnallvorrichtungen für Tobsüchtige ... Dadurch wird ein Kutscher aufmerksam. Er läuft hinauf ins Schloß, wirft

Sire, einziger König, würdig des Jahrhunderts Achtung,
Ihr starbt, ein Recht auf Herrschaft, das versagt Euch blieb,
Zu rächen, aber auch des Geists Umnachtung,
Darin Euch solche bittere Erkenntnis trieb.

Erkenntnis mörderisch für Poesie, Gesang,
Die Künste allesamt, Gebete schier,
Und so, in hochgemutem Überschwang
Habt sterbend Ihr getötet. Gruß Euch, Sire!

Ihr wart ein Dichter, ein Kämpfer, ein königliches Blut
In einer Zeit, wo Könige nichts bedeuten als Entehrung,
Ein Märtyrer jenes Rechts, das im Glauben ruht.

Gruß Euch in dieser einzigartigen Verklärung!
Mög Eure Seele wahren ihren strahlend stolzen Flug,
Zu dem Wagners Musik empor sie trug.

Übertragen von Helmut Domke

sich dem König zu Füßen: »Majestät, die woll'n Sie verhaften, retten Sie sich.« Daraufhin ergeht der Befehl an die Gendarmerie unten im Ort, die Kommission zu verhaften. Auch die Feuerwehr wird mobilisiert. Die Herren werden im Torwärterhaus eingesperrt und verbringen da peinlich angstvolle Stunden.

Der Vorgang wird in München bekannt. Daraufhin wird die Ortspolizei ausgewechselt, der König in seinem Schloß eingeschlossen. Er hatte sich nicht entschließen können zu fliehen. Er hat Selbstmordgedanken, verlangt den Schlüssel zum Turm, um sich in die Pöllatschlucht hinunterzustürzen. Dann wieder will er Gift, Zyankali. Wie er aus dem Zimmer tritt, fassen ihn zwei Irrenwärter unter die Arme; er ergibt sich in sein Schicksal und hört sich an, was ihm der beauftragte Irrenarzt Dr. Bernhard Gudden, Professor für Psychiatrie, eine Kapazität in seinem Fach, eröffnet: »Majestät, es ist die traurigste Aufgabe meines Lebens. Majestät sind von vier Irrenärzten begutachtet worden und nach deren Ausspruch hat Prinz Luitpold die Regentschaft übernommen. Ich habe den Befehl, Majestät nach Schloß Berg zu begleiten, und zwar noch in dieser Nacht.« Der König soll gesagt haben: »Ja, was soll denn das; was wollen Sie denn.«

Er hat sich dann mehrere Stunden mit Gudden und dessen Assistenten unterhalten und dabei mehrmals geäußert: »Daß man mir die Krone nimmt, könnte ich verschmerzen, aber daß man mich für irrsinnig erklärt, überlebe ich nicht.«

So ist es ja dann auch gekommen.

Abschied von der Monarchie

Die Prinzregentenzeit

An den Tod Ludwigs II. im Starnberger See knüpfen sich bis heute Gerüchte und Verdächtigungen. Die naheliegende Erklärung, der König habe bei einem abendlichen Spaziergang am Pfingstsonntag 1886 seinem Bewacher Dr. Gudden entfliehen wollen und sei dabei in ein Handgemenge verwickelt worden, in dessen Verlauf beide ertrunken sind, wird immer wieder angezweifelt. Der erste, der das öffentliche Mißtrauen zu spüren bekam, war Ludwigs Nachfolger, sein Onkel Luitpold, der damals mit 65 Jahren als Prinzregent die Herrschaft in Bayern antrat. Ihm wurde ein Komplott zur Beseitigung seines Neffen angelastet.

Trotzdem gelten die Jahrzehnte vor dem Ersten Weltkrieg, die »Prinzregentenzeit«, heute als besonders glückliche Epoche Bayerns. Das hat verschiedene Ursachen. Einmal die allgemeine Prosperität dieser langen Friedenszeit. Dann die Ausstrahlung, die das vertrauengewinnende, schlichte, charaktervolle Wesen des Regenten hatte, das dem Land so gemäß erschien, und das sich so wohltuend absetzte von der Aufgeregtheit Kaiser Wilhelms II. in Berlin und dem dortigen Klima. Schließlich die künstlerische Regsamkeit, die München damals entfaltete, das neubarocke Gewand, das ihm übergezogen wurde, das Künstlerfürstentum, das sich in den Malervillen der Lenbach, Stuck und Kaulbach demon-

Prinzregent Luitpold, 1908 gemalt von Max Slevogt.

strativ gebärdete. In München haben damals viertausend Maler gelebt und gearbeitet. Dem Außenstehenden muß die Stadt wie ein einziges riesiges Atelier erschienen sein, durchzogen von liberalem Gewährenlassen, das den für damalige Zeiten freizügigen Fasching von Schwabing ebenso hinnahm wie ein so angriffiges Blatt wie den Simplizissimus. Die Saat, die König Ludwig I. ausgeworfen hatte, indem er München kraft königlichen Willens zur »Kunststadt« machte, schien aufgegangen. Die Initiative lag aber jetzt nicht mehr, wie unter Ludwig I., bei den Wittelsbachern. An ihre Stelle treten nun Staat, Stadt und Privatleute. Der Prinzregent verfügte nur über einen Teil der dem bayerischen König zustehenden Mittel, da er nur als »des Königreichs Verweser« amtete. Monarch war offiziell der jüngere Bruder Ludwigs II., König Otto, der jedoch an einer Geisteskrankheit litt und regierungsunfähig war. Belastend für den Regenten wirkte sich überdies aus, daß aus den reduzierten Mitteln die Schulden Ludwigs II. abgetragen werden mußten, was sich über Jahrzehnte hinzog. Zudem verband den Prinzregenten kein ausgeprägtes, persönliches Verhältnis mit der Kunst und mit den Problemen künstlerischer Qualität. Er war als Soldat aufgewachsen und alt geworden. Seine Hauptneigung galt der Jagd.

Der Regent hat es aber verstanden, in der Tradition seines Hauses eine Atmosphäre der Ermutigung zu schaffen. Er hat mit selbstauferlegter Disziplin regelmäßig die jährlichen großen Kunstausstellungen im Glaspalast besucht, dem Ausstellungsgebäude aus Eisen und Glas, das August Voit 1854 im jetzigen Alten Botanischen Garten in München errichtet hatte und das dann 1932 abgebrannt ist. Auf diesen Ausstellungen wurden regelmäßig im Auftrag des Prinzregenten eine bestimmte Anzahl Bilder für den königlichen Hof gekauft und anschließend an die einzelnen Mitglieder des königlichen Hauses verteilt, Ansporn für die Künstler und Vorbild für das übrige Publikum. Von den Malern, die dieser Ehre teilhaftig wurden, spricht heute niemand mehr. Anders steht es um Max Slevogt. Der Begegnung des Prinzregenten Luitpold mit ihm verdanken wir Bilder, die zum kostbarsten Teil des Erbes der Wittelsbacher gehören.

»Souper in Nymphenburg«

Der Prinzregent war auf den Maler aufmerksam geworden, weil er mit dessen Vater, einem bayerischen Offizier, befreundet gewesen war. So kommt es zu Einladungen, zu Porträtaufträgen und zur Erlaubnis, Szenen des Hoflebens zu malen. Ein Ergebnis ist das »Souper in Nymphenburg« von 1908, jetzt in der Neuen Galerie des Kunsthistorischen Museums in Wien, ein Hauptwerk des deutschen Impressionismus. Der Prinzregent räumt Slevogt die protokollarischen Schwierigkeiten aus dem Weg, damit dieser bei den Zeremonien anläßlich des Georgiritter-Jahrtags in der Münchner Residenz malen kann. So ist von 1908 bis 1910 der Gemäldezyklus mit Szenen vom bayerischen Hofleben aus den letzten Tagen der Monarchie entstanden, der sich zum größeren Teil in den Bayerischen Staatsgemäldesammlungen, zum Teil aber auch in Berlin und in Kaiserslautern befindet.

Zu den späten Höhepunkten der europäischen Porträtkunst gehören dann die Bildnisse des Prinzregenten, die Slevogt 1908 und 1909 gemalt hat, beide in den Bayerischen Staatsgemäldesammlungen. Die Bilder sind Bindeglieder zwischen den überlieferten Traditionen und einer neuen Sehweise. Wie es heißt, ist der damals schon 87jährige Regent bei den Sitzungen immer wieder eingeschlafen, so daß der Maler gelegentlich den Pinsel absichtlich laut zu Boden fallen lassen mußte, um sein Modell diskret zu wecken. Zur gleichen Zeit wie die Porträts entstand die jetzt in der Münchener Graphischen Sammlung aufbewahrte Serie der Aquarelle von Hohenschwangau, die Bruno Cassirer in Berlin noch 1918 unter dem Titel »Prinzregent Luitpold« in einer noblen Mappe herausgegeben hat.

Von gleichem künstlerischen Rang wie die Bilder Slevogts

ist das Reiterstandbild des Prinzregenten, das Adolf von Hildebrand für den Platz vor dem Bayerischen Nationalmuseum in der Prinzregentenstraße in München entworfen hat und das dort 1913, ein Jahr nach dem Tod des Prinzregenten, aufgestellt wurde. Dafür hatte der Prinzregent dem Künstler nackt auf einem Turnbock Modell gesessen, wie Theodor Georgii, ein Schwiegersohn und Gehilfe Hildebrands, noch im Alter zu erzählen wußte.

Der Bildhauer und der Kronprinz

Adolf von Hildebrand, neben Rodin damals der bedeutendste Bildhauer Europas, hatte 1893 bis 1895 im Auftrag der Stadt München den Wittelsbacher Brunnen geschaffen, ein poetisch ins Stadtbild komponiertes Monument im Geist des römischen Barock. In den folgenden Jahrzehnten verband den Künstler eine enge Freundschaft mit dem bayerischen Kronprinzen Rupprecht, der in Hildebrand den sachverständigen Mentor in Fragen der Kunst erkannte. Dem Kronprinzen fehlten die Mittel, um größere Aufträge zu geben oder Ankäufe zu machen. Er hat jedoch, im Rahmen seiner Möglichkeiten, aktiv die Tradition seines Hauses fortzusetzen versucht und ist auf seine Weise zum Vorbild und zum Gewissen des Münchener Kunstlebens und der staatlichen Kunstförderung geworden. Auf seine Initiative hin wurde 1904 zur Unterstützung von Ankäufen für die öffentlichen Sammlungen der »Verein der Kunstfreunde« gegründet. Unmittelbarer Anlaß dazu war die Versteigerung der Miniaturen von Hans Mielich aus dem 16. Jahrhundert mit den Darstellungen des Schmucks der Herzogin Anna aus dem

Nachlaß von Jakob Hefner von Alteneck, dem ersten Direktor und Mitbegründer des Bayerischen Nationalmuseums. Dem Museumsverein ist es gelungen, diese Blätter zu erwerben und das Kleinodienbuch der Herzogin Anna damit für Bayern und für die Öffentlichkeit zu bewahren.

Schon damals stellte sich verantwortungsbewußten Geistern das Problem, wie erhaltenswerte Gebäude vor dem Abbruch geschützt werden können. 1908 war geplant, die ehemalige Augustinerkirche in der Münchner Neuhauserstraße abzureißen. Der Kronprinz hat mit einer Rede in der Kammer der Reichsräte die Kraft seines Namens dagegen ins Feld geführt. Ebenso ist ihm die Rettung des Preysing-Palais in der Residenzstraße zu danken, eines der Hauptwerke von François Cuvilliés, das auf seine Initiative hin für Clubzwecke gekauft und damit vor der reinen Kommerzialisierung bewahrt wurde. In ähnlicher Weise hat Kronprinz Rupprecht gewirkt, als dem Portia-Palais in der Pacellistraße Gefahr drohte. Das Palais ist inzwischen in der Obhut der Bayerischen Vereinsbank, die nach den Kriegszerstörungen die Fassade restaurieren und das Innere von Carlo Sattler, einem Schwiegersohn Adolf von Hildebrands, gestalten ließ.

Kronprinz Rupprecht beobachtete eine gewisse Provinzialisierung und Selbstgenügsamkeit, sowohl bei den Ankäufen für die Staatlichen Museen als auch im Münchner Ausstellungswesen; das machte sich auch in der Abwanderung führender Künstler nach Berlin bemerkbar. Weder Slevogt noch Corinth waren in München zu halten gewesen, wo eine sehr dem Dekorativen verhaftete Richtung unter der Führung von Lenbach, Stuck und der Brüder Gabriel und Emanuel von Seidl den Ton angab. In einer Rede vor der Reichsratskammer am 14. August 1906 legte der Kronprinz den Finger auf diese Wunden, plädierte für die Gründung eines Kunstgewerbemuseums (das in Gestalt der Neuen Sammlung dann auch

Kronprinz Rupprecht (1869–1953)
und sein Kabinetts-Chef Franz Freiherr von Redwitz.

entstand) und für ein Museum für moderne Kunst (heute Staatsgalerie Moderner Kunst). In diesem Zusammenhang wirkte der Kronprinz dann auch als Initiator bei der Gestaltung der großen Ausstellungen in dem neu erschlossenen Gelände über der Theresienwiese, das inzwischen zum Münchner Messegelände geworden ist. Kronprinz Rupprecht war auch Protektor des 1908 eröffneten Münchner Künstlertheaters auf dem Ausstellungsgelände, das entscheidend für den Durchbruch eines neuen, zeitgemäßen Theaterstils wurde. Bereits in die Zeit des Ersten Weltkriegs hinein reicht die Anteilnahme am Entstehen des Hubertusbrunnens von Adolf von Hildebrand, der ursprünglich vor dem Bayerischen Nationalmuseum aufgestellt wurde und nach dem Zweiten Weltkrieg einen neuen, besonders glücklichen Platz am Ende des Nymphenburger Kanals gefunden hat, als point de vue gegenüber dem Schloß.

Der König verläßt die Residenz

Am Ende des Ersten Weltkriegs war Kronprinz Rupprecht als Generalfeldmarschall Führer einer deutschen Heeresgruppe. Die Aufgabe als Armeeführer zwang ihn, auf seinem Posten zu bleiben und der Revolution im November 1918 und dem Sturz seines Hauses aus der Ferne zuzusehen. Sein Vater, König Ludwig III., hat in der Nacht zum 8. November 1918 die Residenz verlassen, nachdem die Regierung dem König erklärt hatte, daß sie den Schutz der königlichen Familie nicht weiter verbürgen könne. Damit war nach 738 Jahren die Herrschaft der Wittelsbacher über Bayern beendet.

Der Sturz des Hauses Bayern hatte mehrere Ursachen. Vor allem die allgemeine Kriegsmüdigkeit und Friedenssehnsucht, die die Revolutionäre zu erfüllen versprachen. Damit hing eng zusammen, daß die Truppen unzuverlässig geworden waren. Dazu kam eine verschleppte, längst überfällige Verfassungsreform, die anstelle der vom König berufenen und von seinem Vertrauen allein getragenen Minister die Ministerernennung künftig dem Parlament übertragen sollte. Das Gelingen der Revolution wurde wohl auch durch das Versagen der verantwortlichen Minister ermöglicht. Eine besondere Belastung für die bayerische Monarchie war schließlich schon lange die Abhängigkeit vom Reich, die den König wie einen Erfüllungsgehilfen der deutschen Obersten Heeresleitung und ihrer kriegsverlängernden Entschlüsse erscheinen lassen mußte.

Wittelsbacher Ausgleichsfonds

Wie wenig die tiefere Stimmung im Land antimonarchisch und antiwittelsbachisch war, zeigt die Art, wie es 1923, nach dem Tod König Ludwigs III., mit Zustimmung des Landtags zu einem Vertrag zwischen der bayerischen Regierung und dem Kronprinzen Rupprecht gekommen ist, der die Rechtsverhältnisse des ehemals königlichen Vermögens regelte. Der Kronprinz hatte dabei zwei Überlegungen: einmal sollte der Unterhalt seiner Familie und der Mitglieder des ehemals königlichen Hauses sichergestellt werden, und dann kam es ihm vor allem darauf an, den großen Kunstbesitz des wittelsbachischen Hauses geschlossen zu erhalten und in die Obhut des Staates und damit des Volkes zu überführen. Die königliche Familie hatte ihren Unterhalt bis zur Revolution aus den Zahlungen der sogenannten Zivilliste bestritten. Das war eine vom Landtag genehmigte Summe, zuletzt jährlich sieben Millionen Mark. Daraus waren etwa eintausend Menschen zu besolden, der Hofstaat und die Schlösser zu unterhalten. Diese Zahlungen fielen jetzt weg. Deshalb wurde, im Einvernehmen mit der Regierung, ein Vermögensfonds geschaffen, der sogenannte Wittelsbacher Ausgleichsfonds, aus dessen Erträgen die Mitglieder der ehemals königlichen Familie ihren Unterhalt beziehen. Die Aufsicht über diesen Fonds führen paritätisch der Bayerische Staat und das Haus Wittelsbach.

Ursprünglich war eine Barabfindung von sechs Millionen vereinbart, die aber infolge der Inflation bis auf einen minimalen Rest zusammengeschmolzen ist. Der Grundstock des Ausgleichsfonds war im übrigen Grundbesitz, vor allem Wald. Etwa ein Prozent dessen, was ursprünglich einmal, vor der Trennung des fürstlichen Vermögens und des Staatsvermögens zur Zeit von König Max I. Joseph am Anfang des 19. Jahrhunderts, landesfürstlicher Besitz gewesen war. Außerdem wurden dem Ausgleichsfonds Schlösser unterstellt, so Hohenschwangau und Berchtesgaden, und die Familie erhielt weiterhin Wohnrechte in ehemaligen wittelsbachischen Schlössern, darunter in Schloß Nymphenburg. In den Ausgleichsfonds übernommen wurde ferner Kunstbesitz, der überwiegend familiengeschichtlichen Charakter hat. Die Bestimmungen sehen aber vor, daß auch diese Kunstschätze der Öffentlichkeit zugänglich sein sollen.

Aller übrige Kunstbesitz, große Teile der Gemälde- und Skulpturensammlungen vor allem, wurden in eine Wittelsbacher Landesstiftung eingebracht und dem Staat übergeben. Das ist die Rechtsform etwa der großen Rubenssammlung der Pinakothek.

Mit dem Abschluß der Vermögensregelung konnte der Kronprinz daran denken, sich und seiner Familie wieder ein Heim zu schaffen. Infolge der Beschlagnahme sämtlicher Schlösser und Palais' waren die Wittelsbacher heimatlos geworden. König Ludwig III. und Königin Therese hatten sich in ihr Schloß Wildenwart im Chiemgau geflüchtet. Heimgekehrt nach München sind sie erst nach ihrem Tod 1921. Die feierliche Beisetzung des toten Königspaars im Münchener Liebfrauendom wurde zu einer bewegenden Demonstration der Anhänglichkeit an das Herrscherhaus und zugleich zum ergreifenden Abschied von der Monarchie.

Schloß Berchtesgaden

Kronprinz Rupprecht, der erklärte, daß er als Chef des königlichen Hauses nunmehr in die Rechte seines Vaters eingetreten sei, der formell nicht abgedankt hat, wählte als Wohnsitz in München das Leuchtenbergpalais am Odeonsplatz und als Sommersitz das ehemalige Kloster Berchtesgaden, das bei der Säkularisation 1803 in den Besitz der Wittelsbacher gekommen war. Der Kronprinz formte das Innere des früheren Konvents zu einem Raumensemble von hohem Rang, so daß Berchtesgaden heute eines der schönsten deutschen Schloßmuseen ist. Die Räume waren von Anfang an während der Abwesenheit der kronprinzlichen Familie der Öffentlichkeit zugänglich. Aber, wenn das Ganze auch zugleich ein Museum ist, so ist es doch in erster Linie die kultivierte Wohnung eines kunstverständigen fürstlichen Privatmannes. Jeder Raum hat seinen eigenen Stil, seinen geschlossenen Charakter. Der Kronprinz hat Möbel und Kunstwerke, die er selbst gesammelt hat, mit ererbtem Besitz kombiniert und daraus eine künstlerische Einheit geformt.

Einen ersten Schwerpunkt bilden im Dormitorium, dem ehemaligen Schlafsaal des Klosters, zwölf Büsten vom Chorgestühl der Klosterkirche von Weingarten vom Ende des 15. Jahrhunderts. Im Verein mit Skulpturen von Erasmus Grasser und aus den Schulen von Veit Stoß und Tilman Riemenschneider verleihen sie, zusammen mit spätgotischen Möbeln, Tafelbildern und Porträts dem Raum, der jetzt als Eingangshalle dient, einen hohen Rang und Würde. Dieser Eindruck setzt sich fort in den Renaissancesälen des ersten Stocks, dem ehemaligen Parlatorium (Sprechzimmer) und Cenarium (Speisesaal), wo der Kronprinz Portale aus Schloß Neuburg hat einbauen lassen, das damals der Verwahrlosung

Das Dormitorium, der ehemalige Schlafsaal im Kloster Berchtesgaden, mit der Sammlung gotischer Skulpturen und Gemälde des Kronprinzen.

preisgegeben war. Die dem privaten Gebrauch dienenden Räume im sogenannten Kanzleibau haben ihr Zentrum im Arbeitszimmer des Kronprinzen: ein Raum der Erinnerung an einen Kulminationspunkt der Geschichte des wittelsbachischen Hauses mit den Porträts von Kurfürst Max Emanuel und Kurprinz Joseph Ferdinand von Joseph Vivien.

Concours »Reine Elisabeth«

Galt die Neigung des Kronprinzen Rupprecht vor allem der bildenden Kunst, so haben sich andere Wittelsbacher seiner Generation große Verdienste um die Musik erworben. Kronprinz Rupprecht war in erster Ehe mit Prinzessin Marie Gabriele aus der herzoglichen Linie der Wittelsbacher verheiratet. Deren Schwester Elisabeth ehelichte 1900 den belgischen Thronfolger Albert, mit dem sie den Hof von Brüssel zu einem europäischen Zentrum der Kunst und des Geistes machte. Die beiden zogen bedeutende Künstler und Wissenschaftler in ihre Nähe: den Architekten Horta, den Bildhauer Georg Minne, den Maler James Ensor, die Chemikerin Marie Curie, die Physiker Niels Bohr, Ernest Rutherford, Enrico Fermi und Auguste Piccard. Als sich Albert Einstein 1932 genötigt sah, Deutschland zu verlassen, fand er in einer vom belgischen Königspaar zur Verfügung gestellten Villa in Coq-sur-mer eine erste Zuflucht. Zum engen Freundeskreis der Königin gehörte der Geigenvirtuose Eugene Ysaye, der 1929 den Vorsitz einer von der Königin gegründeten Musikstiftung übernahm. Seinem Andenken waren die Musikwettbewerbe gewidmet, die Königin Elisabeth 1937 und 1938 veranstalten ließ, und aus denen dann nach dem Zweiten Welt-

Königin Elisabeth von Belgien und der Geiger Yehudi Menuhin.

krieg der Concours Reine Elisabeth hervorging, einer der angesehensten internationalen Geigen-, Klavier- und Orchesterwettbewerbe. Bei den Vorkriegsveranstaltungen waren David Oistrach und Emil Gilels entdeckt und ausgezeichnet worden. Nach dem Krieg trat ein Genie wie Vladimir Askenazy zum ersten Mal vor die Weltöffentlichkeit, als er 1956 diesen Wettbewerb gewann, zu dessen Juroren zeitweilig Arthur Rubinstein, Emil Gilels und Robert Casadesus gehörten. Eine der folgenreichen Erscheinungen des Concours Elisabeth war das Auftreten russischer Künstler außerhalb ihres Heimatlandes, die dann von Brüssel aus ihren Weg in die Welt angetreten haben. Die dadurch angebahnten Beziehungen haben die belgische Königin zu Reisen in die Sowjetunion veranlaßt, was ihr den Vorwurf eingetragen hat, kommunistenfreundlich zu sein.

Das Haus »auf der Schanz«

Königin Elisabeth war auch oft Gast im Haus ihres Bruders, des Herzogs Ludwig Wilhelm in Bayern, in dessen Haus »auf der Schanz« in Kreuth im Tegernseer Tal. Auch dort spielt die Musik eine große Rolle, denn der Herzog wurde in den zwanziger Jahren, zusammen mit seinem Vetter Erbprinz Albrecht, dem Sohn des Kronprinzen Rupprecht, zum wirkungsvollen Förderer der bayerischen Volksmusik. Den Anstoß dazu gab die Bekanntschaft mit einem Münchner Musikanten, dem Kiem Pauli. Den hatten die Wittelsbacher Prinzen zum ersten Mal bei einer Frontveranstaltung während des Ersten Weltkriegs in Frankreich spielen hören. Dann, gleich nach dem Krieg, hat Ludwig Thoma sie mit ihm bekannt gemacht und ihn anempfohlen als ein außergewöhnliches Talent nicht nur im Spielen sondern auch beim Aufspüren guter, unverfälschter bayerischer Musik. Herzog Ludwig Wilhelm hat dem Kiem Pauli eine Wohnung im Ökonomiegebäude von Wildbad Kreuth zur Verfügung gestellt, so daß er unbelastet seiner Sammeltätigkeit nachgehen konnte, und Erbprinz Albrecht hat ihn mit dem Münchner Professor Kurt Huber bekannt gemacht, der sich mit tonpsychologischen und -physiologischen Untersuchungen beschäftigte und über ein Plattenschneidegerät verfügte, mit dem die beiden »vor Ort«, in Bauernstuben und Wirtshäusern, Aufnahmen machen konnten. Was die Unterstützung der Wittelsbacher bedeutet hat, kann man daran ermessen, daß es die Deutsche Akademie in Berlin anfangs der dreißiger Jahre abgelehnt hat, die Sammeltätigkeit finanziell zu unterstützen, weil »Herr Paul Kiem kein wissenschaftliches Niveau verspricht«.

Das Lebenswerk des Kiem Pauli und von Kurt Huber ist überliefert in den Veröffentlichungen: »Oberbayerische

Volkslieder« (1930), »Sammlung oberbayerischer Volkslieder« (1934) und im »Niederbayerischen Liederbuch« von Kurt Huber und Ludwig Simbeck. Der breiteren Öffentlichkeit wurde die Arbeit der beiden bekannt durch die inzwischen legendär gewordenen Preissingen von 1930 im Gasthaus »Zur Überfahrt« in Egern am Tegernsee und von 1931 in Landshut, die übers Radio übertragen wurden und die die intensive Pflege der bayerischen Volksmusik durch den Bayerischen Rundfunk eingeleitet haben. Der Kiem Pauli hat dem Herzog Ludwig Wilhelm zeitlebens Noten von den von ihm gesammelten Stücken und Liedern geschrieben. Der Hüter dieses Erbes ist jetzt Herzog Max Emanuel, der derzeitige Chef der Herzoglichen Linie des Hauses Wittelsbach, der selbst das »Fleitl« und die Klarinette bläst und nach einer durchmusizierten Nacht schon einmal in einem Kuhstall erscheint, um den Bauern vor der Melkmaschine nach einer Melodie zu befragen, die er »nicht mehr zusammenbringt«.

Gemeinsames Interesse: Bayern und die Kunst

Der Bruder von Herzog Max Emanuel, Erbprinz Franz, neigt mehr den bildenden Künsten zu und setzt als Mitinitiator und als Vorstandsmitglied des Galerievereins zur Unterstützung der Staatsgalerie Moderner Kunst die Tradition seines Großvaters, des Kronprinzen Rupprecht, fort. Prinz Franz ist außerdem Vorsitzender des International Council des Museum of Modern Art in New York; dadurch ist er aus erster Hand informiert und steht dem Münchner Kunstleben als Ratgeber und Anreger zur Verfügung. Die Kunst, vor allem Musik und Malerei, und die Sorge für die überkommenen

Kunstschätze in den Museen sind neben dem gemeinsamen Interesse für die staatliche Eigenständigkeit Bayerns heute starke Bindeglieder zwischen dem Land und dem Haus Bayern, zwischen dem bayerischen Volk und der Familie der Wittelsbacher.

Genealogie

Das Haus Bayern*

Otto I.
1117–1183
Herzog von Bayern 1180

Ludwig I.
der Kelheimer
1174–1231
Herzog von Bayern
Pfalzgraf bei Rhein

Otto II.
der Erlauchte
1206–1253
Herzog von Bayern
Pfalzgraf bei Rhein

Ludwig II.
der Strenge
1229–1294
Herzog von Oberbayern
Pfalzgraf bei Rhein

Rudolf I.
der Stammler

. . . pfälzische Linie

Ludwig IV.
der Bayer

. . . bayerische Linie

Heinrich XIII.
1235–1290
Herzog von Niederbayern

* Berücksichtigt sind nur diejenigen Wittelsbacher, die im Buch erscheinen.

Fehlende Zwischenglieder, die für die vorliegende Darstellung entbehrlich sind, werden mit . . . gekennzeichnet.

Bayerische Linie

- **Ludwig IV.**
  der Bayer
  1282–1347
  Herzog von Oberbayern
  Deutscher König
  Römischer Kaiser
  - **Ludwig V.**
    der Brandenburger
    um 1312–1361
    Herzog von Oberbayern
    Kurfürst von Brandenburg
    Graf von Tirol
  - **Stephan II.**
    mit der Hafte
    † 1375
    Herzog von Niederbayern
    - **Johann II.**
      um 1341–1397
      Herzog von Bayern-Münche
    - **Stephan III.,**
      der Kneißl
      um 1337–1413
      Herzog von Bayern-Ingolsta

Pfälzische Linie

- **Rudolf I.**
  der Stammler
  1274–1319
  Pfalzgraf bei Rhein
  Herzog von Oberbayern
  - **Ruprecht III.**
    1352–1410 . . .
    Kurfürst v. d Pfalz
    Deutscher König
    - **Ludwig III.** . . .
      1378–1436
      Kurfürst
    - **Stephan**
      1385–1449
      Pfalzgraf von Simmern
      Stammvater der kurfürstl.
      Simmernschen Linie . . .
      der Linie Sulzbach . . .
      der Linie Zweibrücken-Birkenfeld . .
      der Linie Kleeburg . . .
      der Linie Gelnhausen . . .

Wilhelm III.
1375–1435

Ernst
1373–1438
Herzöge von Bayern-München

Albrecht III.
1401–1460
Herzog von Bayern-München

Johann IV.
1437–1463

Sigmund
1439–1501

Albrecht IV.
der Weise
1447–1508
(erbt 1503 Bayern-Landshut)
Herzöge von Bayern-München

Ludwig im Bart
1365–1447
Herzog von Bayern-Ingolstadt

Elisabeth
(Isabeau de Bavière)
1371–1435
Königin von Frankreich

. . . **Ludwig V.**
1478–1544
Kurfürst
kinderlos

Ruprecht
1481–1504
Pfalzgraf
(verheiratet mit
Elisabeth von
Bayern-Landshut)

Ottheinrich
1502–1559
Pfalzgraf v. Neuburg
Kurfürst seit 1556
kinderlos

Friedrich II.
1482–1556
Kurfürst
kinderlos

Bayerische Linie

Wilhelm IV.
1493–1550

- **Albrecht V.**
  Herzog von Bayern
  1528–1579
  - **Wilhelm V.**
    1548–1626
    Herzog von Bayern
    - **Maximilian I.**
      1573–1651
      Herzog von Bayern
      1623 Kurfürst

Ludwig X.
1495–1545
Herzöge von Bayern

Pfälzische kurfürstliche Linie

. . . Simmern-Sponheim

. . . **Friedrich V.**
1596–1632
Kurfürst
König von Böhmen

- **Karl Ludwig**
  1618–1680
  Kurfürst
- **Ruprecht** der Kavalie
  1619–1682
- . . .

. . . Simmern-Zweibrücken
Philipp Ludwig
1547–1614
. . . Pfalzgraf von Neuburg
(verh. mit Anna von Cleve)

- **Wolfgang Wilhelm**
  1578–1653
  Pfalzgraf von Neuburg

Schwedische Linie

. . . Simmern-Zweibrücken-Kleeburg

Johann Kasimir
1589–1652
. . . Pfalzgraf von Kleeburg

rdinand Maria
36–1679
rfürst

Max Emanuel
1662–1726
Kurfürst

Karl Albrecht
1697–1745
Kurfürst
1741 König von Böhmen
1742 Römischer Kaiser

Max III. Joseph
1727–1777
Kurfürst

Nachfolger wird
Kurfürst Karl Theodor
aus der Pfälzischen Linie

. . .
Elisabeth Charlotte
»Liselotte v. d. Pfalz«
1652–1722

. . . Simmern-Zweibrücken-Sulzbach
Karl Theodor
1724–1799
Pfalzgraf von Sulzbach
. . . 1743 Kurfürst von der Pfalz
1777 Kurfürst von Pfalz-Bayern

Nachfolger wird
Max IV. Joseph
aus der Linie
Zweibrücken-
Birkenfeld

. . . Simmern-Zweibrücken-Birkenfeld
Max IV. Joseph
Pfalzgraf
1799 Kurfürst von Bayern
1806 König von Bayern

Königliche Linie

. . . Simmern-Zweibrücken-Birkenfeld-Gelnhausen
Wilhelm
1752–1837
Pfalzgraf von Birkenfeld-Gelnhausen
1799 Herzog in Bayern

Herzogliche Linie

Karl X. Gustav
1622–1660
König von Schweden
. . . Pfalzgraf von Kleeburg

Karl XI.
1655–1697
Pfalzgraf von Kleeburg
König von Schweden

Karl XII.
1682–1718
Pfalzgraf von Kleeburg
König von Schweden

Königliche Linie

Max IV. Joseph
Pfalzgraf von Zweibrücken
1799 Kurfürst von Bayern
1806 als Max. I. Joseph
König von Bayern

Ludwig I.
1786–1868
König

Maximilian II.
1811–1864
König

Otto
1815–1867
1832 König von Griechenland

Luitpold
1821–1912
1886 Prinzregent von Bayern

Herzogliche Linie

Wilhelm
1752–1837
Pfalzgraf von Birkenfeld
1799 Herzog in Bayern

Pius
Herzog in Bayern
1786–1837

Maximilian
Herzog in Bayern
1808–1888

Ludwig II.
1845–1886
König

Ludwig III. 1845–1921 König	**Rupprecht** 1869–1955 Kronprinz	**Albrecht** *1905 Herzog von Bayern	**Franz** *1933 Erbprinz **Max Emanuel** *1937 durch Adoption Herzog in Bayern

Karl Theodor Herzog in Bayern 1839–1909	**Ludwig Wilhelm** Herzog in Bayern 1884–1968 **Elisabeth** Königin von Belgien 1876–1965	**Max Emanuel** *1937 Sohn von Herzog Albrecht von Bayern durch Adoption Herzog in Bayern

Literaturhinweise

a) allgemein

Bayerische Geschichte

Karl Bosl, Bayerische Geschichte, überarbeitete Neuauflage Pfaffenhofen 1990
–, Handbuch der historischen Stätten Deutschlands: Bayern, 3. Aufl. Stuttgart 1981
Michael Döberl, Entwicklungsgeschichte Bayerns, 3 Bde. (bis 1886), München 1906 ff.
Benno Hubensteiner, Bayerische Geschichte, 11. Aufl. München 1989
Andreas Kraus, Geschichte Bayerns, München 1983
Siegmund Riezler, Geschichte Bayerns, 8 Bde. (bis 1726), Gotha 1878 ff.
Ludwig Schrott, Herrscher Bayerns, München 1977
Max Spindler, Handbuch der Bayerischen Geschichte, Bd. I, 2. Aufl. München 1981; Bd. II, 2. Aufl. München 1988; Bd. III, München 1979; Bd. IV München 1979 (Sonderausgabe 1978)

Bayerische Kunstgeschichte

Peter Volk, Bayerisches Nationalmuseum, Führer durch die Schausammlungen, München 1988
Bayerisches Nationalmuseum Kataloge, München 1908 ff.
Georg Dehio, Handbuch der deutschen Kunstdenkmäler, Bayern, Bd. I: Franken, München 1979; Bd. II: Niederbayern, München 1988; Bd. III: Schwaben, München 1989; Bd. IV: München und Oberbayern, München 1990
Hans Karlinger, Bayerische Kunstgeschichte (Altbayern und Bayerisch-Schwaben), 3. Aufl. München 1967

Michael Petzet (Hrsg.), Bayern – Kunst und Kultur, Ausstellungskatalog, München 1972
Josef Maria Ritz, Bayerische Kunstgeschichte (Franken), München 1961
Alexander von Reitzenstein/Herbert Brunner, Reclams Kunstführer, Baudenkmäler, Bd. I: Bayern, Stuttgart 1983
Herbert Schindler, Große Kunstgeschichte Bayerns, 2 Bde., 2. Auflage München 1966
– Taschenbuchausgabe, 3. Aufl. München 1978
Hugo Schnell (Hrsg.), Große Kirchenführer und Kleine Kunst- und Kirchenführer
Hans E. Valentin u.a., Die Wittelsbacher und ihre Künstler in acht Jahrhunderten, München 1980

München

Herbert Brunner, Die Kunstschätze der Münchner Residenz, München 1977
Norbert Lieb, München – Die Geschichte seiner Kunst, 4. Aufl. München 1989
– Taschenbuchausgabe, München 1971
Hans F. Nöhbauer, München (1158-1854), 2. Aufl. München 1989

Die Wittelsbacher

Adalbert Prinz von Bayern, Die Wittelsbacher – Geschichte unserer Familie, München 1979
– Als die Residenz noch Residenz war, München 1967
Hans F. Nöhbauer, Die Wittelsbacher, München 1979
– Wittelsbach und Bayern, Reisen durch 800 Jahre Geschichte, München 1980
Michael Petzet/Rudolf Wackernagel, Bayerische Krönungswagen im Marstallmuseum Nymphenburg, München 1967
Hans Rall, Wittelsbacher Lebensbilder von Kaiser Ludwig bis zur Gegenwart, Führer durch die Münchner Fürstengrüfte, München o.J. (1980)

b) Die folgenden Literaturhinweise sind entsprechend dem Inhalt der einzelnen Kapitel geordnet

Anfänge des Hauses Bayern

Hubert Glaser (Hrsg.), Wittelsbach und Bayern, Die Zeit der frühen Herzöge, Ausstellungskatalog I, München 1980

Gertrud Benker, Ludwig der Bayer, München 1980

Theodor Straub, Herzog Ludwig der Bärtige von Bayern/Ingolstadt und seine Beziehungen zu Frankreich von 1391-1415, Kallmünz 1965

Martin Saller, Königin Isabeau, München 1980

Carl Orff, Die Bernauerin, Mainz 1974 (Textbuch zur Oper)

Fürsten und Künstler

Alte Pinakothek München, Katalog 1961 ff.

Stadtresidenz Landshut, München 1985 (Führer)

Herbert Brunner, Landshut, Burg Trausnitz, München 1988 (Führer)

Georg Poensgen, Ottheinrich, Heidelberg 1956

Josef Heider, Neuburg – Die junge Pfalz und ihre Fürsten, Neuburg 1955

Schloßmuseum Neuburg an der Donau, 1987 (Führer)

Friedrich Kaeß/Horst Stierhof, Die Schloßkapelle in Neuburg an der Donau, Weißenhorn 1977

K. Roßmann, Der Ottheinrichsbau des Heidelberger Schlosses und sein Bauherr, Heidelberg 1949

Hoyer, Stierhof, Heym, Schatzkammer der Residenz, Katalog, München 1981

Ellen Wesky/Heike Frosien-Leinz, Die Bildwerke des Antiquariums, München 1982-1987

Michael Petzet, Das ehemalige Marstall- und Kunstkammergebäude und sein Ausbau zur königlichen Münze, in: Jahrbuch der bayr. Denkmalpflege, Bd. 40, S. 15-100, München 1989

Julius Schlosser, Die Kunst- und Wunderkammern der Spätrenaissance, 2. Aufl. Braunschweig 1978

Horst Leuchtmann, Orlando di Lasso, 2 Bde., Wiesbaden 1977

Herbert Brunner, Gerhard Hoyer, Lorenz Seelig, Residenz München, Amtl. Führer, München 1990

Lebensfreude und Gottesfurcht

Berndt Philipp Baader, Der Bayerische Renaissancehof Herzog Wilhelms V. – 1568-1579, Straßburg/Leipzig 1943
Joachim Wild/Andrea Schwarz/Julius Oswald SJ u.a., Die Jesuiten in Bayern, Weißenhorn 1991 (Ausstellungskatalog)
Helmut Dotterweich, Der junge Maximilian, Biographie eines bayerischen Prinzen, 2. Aufl. München 1980
Andreas Kraus, Maximilian I. – Bayerns Großer Kurfürst, Regensburg 1990
Hubert Glaser (Hrsg.), Wittelsbach und Bayern – Um Glauben und Reich, Ausstellungskatalog II, München 1980
Kurt Pfister, Kurfürst Maximilian und sein Jahrhundert, München 1948, 2. Aufl., hrsg. von Gertrud Stetter, München 1980
Brigitte Volk-Knüttel, Wandteppiche für den Münchner Hof nach Entwürfen von Peter Candid, München-Berlin 1976

Königliche Abenteuer

Ludwig Häusser, Geschichte der Rheinischen Pfalz, Speyer 1856 (Unveränderter Nachdruck 1978)
E. Weiss, Die Unterstützung Friedrichs von der Pfalz durch Jakob I. und Karl I. von England im Dreißigjährigen Krieg, Stuttgart 1966
Georg Poensgen, England und Kurpfalz, Ausstellungskatalog, Heidelberg 1963
F.F. Carlson, Geschichte Schwedens 1654-1706, 3 Bde., 1855 ff
W. Dufner, Geschichte Schwedens, Stockholm 1967
Voltaire, Geschichte Karls XII., Übers. von Th. v.d. Mühll, Frankfurt 1978
F.G. Bengtsson, Karl XII., Stuttgart 1957
O. Haintz, König Karl XII. von Schweden, 3 Bde., Berlin 1958
The Royal Armoury, Livrustkamaren, Stockholm 1978, Führer

Die Jagd nach dem Königreich

Roswitha von Bary, Henriette Adelaide, München 1980
Ludwig Hüttl, Max Emanuel, München 1976
Hubert Glaser (Hrsg.), Kurfürst Max Emanuel, Ausstellungskatalog, München 1976

Wolfgang Braunfels, François Cuvilliés, München 1986
Elmar D. Schmid/Sabine Heym, Joseph Effner, Bauten für Kurfürst Max Emanuel, München 1987
Christian Probst, Lieber bayrisch sterben – Der bayerische Volksaufstand der Jahre 1705 und 1706, München 1978

Die Kurfürsten des Rokoko

Adolf Feulner, Bayerisches Rokoko, München 1923
Friedrich Wolf, François de Cuvilliés, in: Obb. Archiv 89, München 1967
Peter Claus Hartmann, Karl Albrecht – Karl VII., Regensburg 1985
Bernhard Rupprecht, Die Brüder Asam, Regensburg 1980
Hermann und Anna Bauer, Johann Baptist und Dominikus Zimmermann, Regensburg 1985
Kurfürst Clemens August, Ausstellungskatalog, Köln 1961
Edmund Renard, Clemens August, Bielefeld und Leipzig 1927
Wilfried Hansmann, Schloß Falkenlust, Köln 1973
–, Schloß Augustusburg zu Brühl, Amtl. Führer
–, Das Jagdschloß Falkenlust zu Brühl, Amtl. Führer
Eckard Wagner, Jagdschloß Clemenswerth, Sögel 1975
F.H. Hofmann, Geschichte der Bayerischen Porzellanmanufaktur Nymphenburg, 3 Bde., München 1921-1923
Rainer Rückert, Max Hirmer, Franz Anton Bustelli, München 1963
R. Paulus, Der Bildnismaler George de Mareés, München 1913

Der letzte Kurfürst der Pfalz

Jörn Bahns (Hrsg.), Carl Theodor und Elisabeth Auguste – Höfische Kunst und Kultur in der Kurpfalz, Ausstellungskatalog, Heidelberg 1979
Volker Christmann, Frankenthal, Bilder aus der Vergangenheit, Frankenthal 1977
F.H. Hofmann, Frankenthaler Porzellan, 2 Bde., München 1911
K. Schulz/M. Oppenheim, Frankenthaler Porzellan, Ausstellungskatalog, 1955
F. Walter, Geschichte des Theaters und der Musik am kurpfälzischen Hof, 1898 (Nachdruck 1968)
E. Renard, Das neue Schloß zu Benrath, Leipzig 1913

O. Knaus, Künstler am Hofe Carl Theodors, Schwetzingen 1963
Udo Kultermann, Gabriel Grupello, Berlin 1968
Klaus Lankheit, Der kurpfälzische Hofbildhauer Paul Egell, 2 Bde., München 1989
Wilhelm Weber, Schloß Karlsberg, Die Wittelsbacher Schloßbauten im Herzogtum Pfalz-Zweibrücken, Homburg-Saarpfalz 1987
Theodor Dombart, Der Englische Garten zu München, München 1972
Hermann von Witzleben/Ilka von Vignau, Die Herzöge in Bayern, München 1976
Ohne Autor, Vom Herzog Max Palais zur Landeszentralbank, München 1990
Josef August Beringer, Peter A. von Verschaffelt, Straßburg 1902
Irene Markowitz, Schloß Benrath, Düsseldorf 1975
Egon Larsen, Graf Rumford, München 1961
Oberbayerische Volkslieder und ihre Weisen, Nachdruck 1980, Münchner Heimatwerk, Fa. L. Beck, München

Die Könige aus Zweibrücken

Julius Dahl/Karl Lohmeyer, Das barocke Zweibrücken und seine Meister, 2. Aufl., Waldfischbach 1957
Adalbert Prinz von Bayern, Max Josepf I. von Bayern, München 1957
Eberhard Weis, Montgelas, München 1971
Hubert Glaser (Hrsg.), Wittelsbach und Bayern – Krone und Verfassung, Ausstellungskatalog III, München 1980
Heinz Gollwitzer, Ludwig I. von Bayern, München 1986
Johann Nepomuk Sepp, Ludwig Augustus, 2. Aufl. Regensburg 1903
Egon Caesar Conte Corti, Ludwig I. von Bayern, München 1937 (Spätere Auflagen gekürzt)
Carl Theodor Heigel, Ludwig I., Leipzig 1888
Michael Dirrigl, Ludwig I., München 1980
Catherina Philippa Bracken, Antikenjagd in Griechenland, München 1977
Dieter Ohly, Glyptothek München, Führer, München 1972

–, Die Antikensammlungen am Königsplatz in München, Waldsassen o.J.
Richard Messerer/Georg von Dillis, in: Oberbayerisches Archiv, 84, München 1961
Oswald Hederer, Die Ludwigstraße in München, München 1942
–, Leo von Klenze, München 1964
–, Friedrich von Gärtner, München 1976
Klaus Eggert, Friedrich von Gärtner, München 1963
Walhalla, Amtl. Führer, Regensburg 1980
Erika Bierhaus-Rödiger, Carl Rottmann, München 1978
Jörg Traeger (Hrsg.), Die Walhalla, Regensburg 1979
Wolf Seidl, Bayern in Griechenland, 2. Aufl. München 1970
Hans Arthur Thies, König Ludwig I. und die Schönheiten seiner Galerie, München 1954 (Neuausgabe 1977)
Werner Mittlmeier, Die Neue Pinakothek in München, München 1977
Manfred F. Fischer, Befreiungshalle Kelheim, Führer, München 1978
–, Ruhmeshalle und Bavaria, Führer, München 1972
Berthold Roland, Villa Ludwigshöhe, Amorbach 1986
Paul Ernst Rattelmüller, Die Bavaria, München 1977
Haus der bayer. Geschichte (Hrsg.), König Maximilian von Bayern, Rosenheim 1988
Heinz Gollwitzer, 100 Jahre Maximilianeum, München 1953
Heinrich Kreisel, Schloß Hohenschwangau, o.O., o.J.

Der Märchenkönig

Gottfried von Böhm, Ludwig II., König von Bayern, 2. Aufl. Berlin 1924
Werner Richter, Ludwig II., König von Bayern, 8. Aufl. München 1975
König Ludwig II. und Richard Wagner – Briefwechsel, 5 Bde., Karlsruhe 1936 ff.
Heinrich Kreisel, Die Schlösser Ludwig II. von Bayern, Darmstadt o.J.
Wilfried Blunt, König Ludwig II. von Bayern, München 1970 (Neuausgabe)

Anton Sailer, Bayerns Märchenkönig – Das Leben Ludwig II. in Bildern, München 1961
Hans Rall/Michael Petzet, König Ludwig II., München 1968
Winfried Ranke, Joseph Albert – Hofphotograph der bayerischen Könige, München 1977
Ludwig Hollweck (Hrsg.), Ludwig II. von Bayern in der Literatur, München 1979
Rupert Hacker, Ludwig II. von Bayern in Augenzeugenberichten, München 1972
Horst Krüger, Ludwig, lieber Ludwig, Hamburg 1979
Gerhard Hoyer, Schloß Linderhof, München 1990 (Führer)
Michael Petzet/Gerhard Hoyer, Schloß Neuschwanstein, München 1988 (Führer)
Gerhard Hoyer, Neues Schloß Herrenchiemsee, München 1990 (Führer)

Abschied von der Monarchie

Norbert Götz u.a. (Hrsg.), Die Prinzregentenzeit, Ausstellungskatalog, München 1988
Karl Möckl, Die Prinzregentenzeit, München und Wien 1972
Hans-Jürgen Imiela, Max Slevogt, Karlsruhe 1968
Alfons Beckenbauer, Ludwig III. von Bayern, Regensburg 1987
Kurt Sendtner, Rupprecht von Wittelsbach, München 1954
Bernhard Sattler (Hrsg.), Adolf von Hildebrand und seine Welt, München 1962
Berthe Delepinne, Elisabeth (von Belgien), Brüssel 1954
Karl Spengler, Die Wittelsbacher am Tegernsee, 2. Aufl. München 1970

Register

Gebäude und Straßen ohne Ortsangabe alle in München

C

D

H

I

J

K

L

O

P

R

S

T

Danksagung

Für liebenswürdiges Verständnis und freundliche Hilfe beim Zustandekommen dieses Buches möchte ich Ihren Königlichen Hoheiten Herzog Albrecht von Bayern, Prinz Franz von Bayern und Herzog Max Emanuel in Bayern herzlich danken. Das Buch ist im Zusammenhang mit einer Sendereihe des Bayerischen Fernsehens entstanden. Für ihr Zustandekommen danke ich Fernsehdirektor Dr. Helmut Oeller. – Entgegenkommen und Hilfe habe ich gefunden beim Präsidenten der Bayerischen Verwaltung der Staatlichen Schlösser, Gärten und Seen, Hanns-Jürgen Freiherr von Crailsheim, beim Generaldirektor des Wittelsbacher Ausgleichfonds, Luitpold von Braun, beim ehemaligen Generaldirektor des Germanischen Nationalmuseums, Dr. Arno Schönberger, beim Generaldirektor des Bayerischen Nationalmuseums, Dr. Lenz Kriss-Rettenbeck, sowie beim Direktor der Staatlichen Porzellanmanufaktur Nymphenburg, Philipp Freiherr von Redwitz.

Mein Dank gilt Universitätsprofessor Dr. Benno Hubensteiner für seine fachkundige Beratung und Herrn Max Oppel von der Herzoglichen Verwaltung, ferner Herrn Heinrich Biron, Herrn Alexander Szombati, Dr. Gertrud Diepolder, Frau Eleonore Weinbrenner, Hans Veit Graf zu Törring-Jettenbach und Herrn Wolfgang Wagner, sowie den Damen und Herren der Bayerischen Staatsbibliothek, der Bayerischen Staatsgemäldesammlungen, der Staatlichen Graphischen Sammlung, der Staatlichen Antikensammlungen, des Instituts für Bayerische Geschichte, des Hauses der Bayerischen Geschichte, des Geheimen Hausarchivs, der Bibliothek des Bayerischen Rundfunks und den Schloßverwaltungen von Aschaffenburg, Benrath, Berchtesgaden, Brühl, Clemenswerth, Drottningholm, Gripsholm, Heidelberg, Herrenchiemsee, Hohenschwangau, Landshut, Linderhof, Mannheim, Neuburg/Donau, Neuschwanstein, Nymphenburg, Schleißheim, Schwetzingen, Stockholm sowie dem Nationalmuseum und der Leibrüstkammer Stockholm.